Klaus Trebes

Rezepte aus dem

Gargantua

Rütten & Loening
Berlin

Fotos von Jürgen Röhrscheid und Amos Schliack
Illustrationen von Manfred Bofinger und Tim Anderson

Mit dem Autor können Sie unter der folgenden Adresse im
Internet Kontakt aufnehmen: http://www.gargantua.com

ISBN 3-352-00690-3

1. Auflage 1996
© Rütten & Loening, Berlin GmbH 1996
Einbandgestaltung Torsten Lemme
unter Verwendung eines Fotos von Amos Schliack
Layoutkonzept Ina Munzinger und Katharina v. Uslar, Berlin
Satz und Repro LVD GmbH, Berlin
Druck und Binden Spiegel Buch GmbH, Ulm
Printed in Germany

Inhalt

Vorwort   7

Hochrippe in Rotwein   11

Chicorée und ein dunkles Bier   14

Die Schwarze Trüffel   16

Austern Las Brisas   18

Wolfsbarsch und Fenchel   20

Blöchla und Sträubla   23

Artischocke und Spargel   26

Trippa Nitardi   28

Lachs Tandoori   30

Die Grüne Soße   33

Zu Ostern das Lamm   35

Kaninchen in Vin santo   37

Blackened Tuna   40

Morchel und Maikraut   42

Spargel warm oder kalt   45

Zander wie ihr wollt   47

Leipziger Allerlei mit Stubenküken   50

Maibock und Holunder   53

Makrele mit Stachelbeeren?   56

Gefüllte Kalbsbrust mit Radieschen   59

Vom Krebsessen   61

Risotto Primavera   63

Seezunge oder Scholle?   65

Tabouli und Mergez   68

Von den Venusmuscheln   70

Perlhuhn in Verjus   72

Pfifferling und Himbeere   75

Melone oder Gurke   77

Kalbsleber mit Schwarzen Johannisbeeren   80

Tomaten und Ketchup   82

Hummer-Couscous   86

Täubchen im Nest   89

Steinpilze mit Pfirsichen   93

Aal grün   96

Paprika und Gulasch   99

Steak und Kobe-Beef   103

Waller und Kren   106

Zwetschge und Zwetschgenknödel   109

Die Aubergine   111

Stör mit Kapern   115

Die Weiße Trüffel   117

Frischling mit Hagebutten   121

Ente mit Beifuß   124

Von Bohnenfressern   127

Fasan in Gewürztraminer   131

Gnocchi und Kartoffelklöße   134

Rochen mit Salicorn   137

Die Gans   140

Grundrezepte   145

Glossar   149

Rezepte aus dem Gargantua   161

Kochen heißt Geschichten erzählen, sagt ein schwedisches Sprichwort. Ich komme aus dem Frankenwald, es läßt sich nicht leugnen. Als Kind spielte ich am liebsten in der Küche, es roch dort so gut. Mit meiner Lieblingskatze saß ich oft bei Oma Trebes auf dem Sofa neben dem Herd. Da dampfte ein großer Suppentopf. Der Gurkensalat duftete. Denn der Großvater, ein Patriarch mit barocker Figur, bestand auf seinem Mittagessen — wenn nicht zu Hause, dann tagte er im Gasthof. Die Mutter verstand es, auch aus Wenigem etwas Gutes zu kochen. Eine Leckerei hatte sie immer in Reserve. Wenn es auch selten Fleisch gab, ein Kuchen war als kleine Entschädigung schnell gebacken. Ich war immer bestens informiert, ob die Oma Löffler oder die Tante Kuni einen Braten in der Röhre hatte. So lebte ich früh schon à la carte, wenn das Menü nicht ganz nach meinem Gusto war.

Die Löfflers hatten eine kleine Landwirtschaft. Da wurde immer mal wieder geschlachtet. Opa züchtete die geliebten Täubchen. Es gab Hühner, Kaninchen, Enten, Schweine, Ziegen, Kühe und einen großen Garten. Die Oma rührte die Butter selbst. Wir Kinder liebten ihre Butterbrote. Unter ihrem Kommando ging es aber auch ab in den Wald zum Beerensammeln und Pilzesuchen. Und natürlich mußten wir auch bei der Ernte helfen, Heu rechen, Garben aufstellen, Kartoffeln lesen. Oma kam, das Pferd vor den Wagen gespannt, pünktlich mit dem Mittagessen aufs Feld. Tücher wurden ausgebreitet, Teller aufgedeckt, und es gab Schweinebraten mit Klößen. Wir trieben auch die Gänse der Tante Kuni auf den Teich und aßen im Winter dann mit Leidenschaft Gänsepfeffer. Magere Zeiten wurden regelmäßig von Hochzeiten und Taufen, Kommunion und Firmung, Jubiläen und Beerdigungen unterbrochen. Da wurde richtig aufgetischt. Zuerst die Festtagssuppe, dann die obligatorischen Bratwürste, gefolgt von Braten aller Art mit Klößen, und bei den wichtigen Festen wurde nach dem Braten auch noch Geflügel mit Salaten serviert. Dann kochten ganze Brigaden von Schwestern, Tanten und Cousinen in der Küche, und die Wohnung wurde zum Wirtshaus. Die Kuchen- und Tortenorgie mit Blöchla und Sträubla zog sich bis in den Abend, und wer noch schnaufen konnte, vertilgte auf die Nacht Koteletts mit Kartoffelsalat.

Im Internat des Benediktinerklosters zu Münsterschwarzach ging es frugaler zu. Beim Essen herrschte Schweigen, und oft waren die literarischen Texte, die während der Mahlzeit vorgelesen wurden, die eigentliche Labsal. Die Patres verstanden etwas vom Genießen. Wurde uns Gleiches aufgetischt, war es erträglich. Da gab es Spargel, Karpfen und manch leckere Fastenspeise, selbstfabrizierte Limonaden und später auch mal ein Glas Most oder Wein. Kamen die Eltern zu Besuch, ging es nach Sommerach zum Fischessen, oder Opa spendierte Wildente in Volkachs bestem Haus.

Als ich sechzehn war, interessierten mich andere leibliche Genüsse, und ich bezog eine sturmfreie Bude. Da die Mensa nur Studenten offenstand, kochte ich mir mit kleinstem Budget selbst mein Süppchen. Die Freiheit war mir wichtig, und knurrte der Magen, las ich in den Satiren des Horaz von Austern und Seeigeln. Auch bei Zola, Fielding oder Gogol spielte das Essen keine geringe Rolle. Die Beschreibung des Geschmacks schwarzer Oliven in Durrells »Justine« trieb mich in die Würzburger Lebensmittelläden. Doch Anfang der sechziger Jahre war die Suche nach schwarzen Oliven schwierig. Die Klassenfahrt nach Paris, erste Ausflüge nach Italien, ein Urlaub in Istanbul machten mich auf fremde Küchen neugierig. Die Zeit beim Militär war nicht nur kulinarisch sinnlos. Bei Baudelaire fand ich den Rat: »Keine Restaurants. Tröstungsmittel: Kochbücher lesen. Keine Geliebte, ein Buch über die Liebe lesen.«

Die ersten Studienjahre, mehr vom Kampf gegen die Notstandsgesetze und die Amerikaner in Vietnam geprägt, ließen mich das Reisen und Genießen nicht ganz vergessen. Freunde hatte es nach Paris gezogen. Gemeinsam lernten wir den Wein, die Käse kennen, die Bistros zu unterscheiden. Mitstreiterinnen aus der italienischen Studentenbewegung kochten mit mir in Wohngemeinschaften Pasta, Gnocchi, Minestrone. Beim Häuserkampf und bei der Betriebsarbeit lernte ich in italienischen, griechischen, spanischen und türkischen Familien, wie man Paella, Stifado, Couscous und Caponata kocht. Ohne ideologische Debatten feierten wir Feste, wurden Freunde. Zur Überraschung der Familie machte ich mein juristisches Examen. Stipendien und Lehraufträge ließen Besuche in besten Häusern Frankreichs zu, aber zum Entsetzen meines Doktorvaters meine akademischen Interessen schwinden. Es folgten wilde Jahre als Kabarettist, Schauspieler und Hobbykoch. Reisen wurden mit dem Restaurantführer geplant. Und freie Tage verbrachte ich damit, für Freunde zu kochen.

Die Konsequenz war schließlich 1984 ein kleines Lokal in Frankfurt-Bockenheim. Freunde vermittelten die Räume. Meine Frau, des Lehrerinnen-Daseins müde, gab mir den Schubs. Und ich erfüllte mir einen Traum. »Gargantua« war Programm: Der Riese, der saufend und fressend durch Frankreich zog, die Suche nach der göttlichen Flasche, Rabelais als Freigeist wider Kirche und Obrigkeit. Am Tag der Eröffnung stand ich mit Manuele, den ich bei der Arbeit mit dem Teatro Siciliano kennengelernt hatte, allein in der Küche. Meine Frau und Andrea, auch einer aus der Theatertruppe, machten den Service. Zunächst gab es, wie im Süden, nur ein Menü, ständig wechselnd, immer frisch nach den Angeboten des Marktes. Viele Gäste verstanden diesen Rigorismus nicht. So wurde aus dem »idealen Restaurant« allmählich doch ein normales Restaurant. Leider! Die Weinkarte wuchs und die Medien hatten ihren Achtundsechziger mit dem Gourmetrestaurant. Es gab bei mir die ersten Trüffeln, wieder Krebse, aber auch Kutteln und gefüllten Ochsenschwanz. Zehn harte und vergnügte Jahre folgten. 1993 zogen wir um ins Westend, in die Liebigstraße 47. Der »Club der Freunde des Gargantua« half dabei.

Die hier versammelten Texte sind erweiterte Fassungen meiner Beiträge im FAZ-Magazin. Thomas Schröder, dem Chefredakteur des Magazins, möchte ich danken. Er hat nicht nur mutig viele meiner Rezepte probiert, sondern ist, viel mutiger noch, das Risiko eingegangen, mir die wöchentliche Kolumne »Vom Genießen: Rezepte aus dem Gargantua« anzuvertrauen. Johannes Roth gilt mein Dank für Ansporn und kritische Begleitung. »Der Himmel ist ein Topf Chili, der auf dem Herd köchelt. Sollte ich von den glücklichsten Tagen meines Lebens schreiben, würden viele davon mit Essen und Wein und einem Tisch voller Freunde zu tun haben«, schrieb Charles Simic, der amerikanische Lyriker. Ich wünsche den Lesern dieses Buches viel Spaß, gutes Gelingen und einen Tisch voller fröhlicher Genießer.

Wir beginnen ganz einfach, aber würzig. Ein gut abgehangenes Stück von der Hochrippe, 2 kg oder etwas mehr, beim Metzger Ihres Vertrauens gekauft, wird von Haut und Sehnen befreit. Dann legen wir es für ein, zwei Tage in einen kräftigen Rotwein ein, zum Beispiel einen Côtes du Rhône. Zum Wein geben wir 3 große Zwiebeln, 4 frische Knoblauchzehen, 3 dicke Karotten, eine halbe Sellerieknolle, das Herz eines Stangensellerie und eine Petersilienwurzel, alles geputzt und kleingehackt. Außerdem kommen hinzu 2 Zimtstangen, 5 Kardamomkapseln, 5 Sternanis, 2 frische Lorbeerblätter und einige Pfefferkörner.

Vor dem Braten das Fleisch abtrocknen, kräftig salzen und pfeffern, mit etwas Mehl und Zimt bestäuben. In einem großen Bräter in sehr heißem Öl rundum anbraten und wieder herausnehmen. Im Bräter die gut abgetropften Gemüse anrösten, das Fleisch daraufsetzen und die Rotwein-Marinade samt den Gewürzen angießen. Falls das Fleisch nicht ganz bedeckt ist, mit Rotwein oder Brühe auffüllen. Den Bräter mit dem Deckel oder mit Alufolie verschließen und bei 140 Grad zweieinhalb Stunden im Backofen schmoren. Die Garzeit richtet sich nach der Qualität des Fleisches und der Größe des Bratens.

Nach zwei Stunden prüfen, ob der Braten schon mürbe ist. Vorsichtig herausnehmen und warmstellen. Die Bratensauce mit den Gemüsen kräftig einkochen, dann die Gewürze herausfischen und das Ganze durch ein Sieb streichen oder durch die Flotte Lotte drehen. So entsteht eine sehr aromatische Bindung der Sauce. Bei Bedarf weiter einkochen und erst zum Schluß mit Salz und frisch gemahlenem Pfeffer abschmekken. Das Fleisch aufschneiden und in der Sauce warmhalten.

Als Beilage genügt mir ein Wein von der Rhône, wenn er kräftig ist, vielleicht ein Hermitage La Chapelle oder Château de Beaucastel. Dieser Braten hat die Gemüse in der Soße. Wird doch noch etwas Festes auf dem Teller gebraucht, rate ich zu Dampfkartoffeln oder zu einem Kartoffel-Petersilienwurzelpüree: Ein Kilo mehlige Kartoffeln mit der Schale in gut gesalzenem Wasser kochen. Die Petersilienwurzeln schälen und zerkleinern. In der Milch und der Fleischbrühe weichkochen und mit dem Mixstab pürieren. Die Kartoffeln noch heiß pellen und durch die Kartoffelpresse drücken. Die Butter in kleinen Stückchen mit

Hochrippe in Rotwein

11

einem Holzlöffel unter das Püree arbeiten, die Petersilienwurzelmilch dazugießen und mit dem Schneebesen kräftig durchrühren. Die Anstrengung lohnt sich, das Püree wird wie ein Wölkchen.

✳

Zimt. Sternanis. Kardamom. In alten Kochbüchern sind diese Gewürze oft in den Rezepten zu finden. Ob unsere Vorfahren die damals sehr teuren Gewürze benutzten, um ihren Reichtum zur Schau zu stellen oder den Hautgoût des Fleisches zu überdecken, mag dahingestellt bleiben. Ich liebe diese Aromen in Verbindung mit Rotwein. Zimt, *Cinnamomum zeylanicum*, kommt von einem immergrünen Lorbeergewächs aus Ceylon. Bei uns wird Zimt als Rinde, Stange oder gemahlen angeboten. In den Tropen habe ich auch die Blätter als milde Würze in Fischcurrys genossen. Kardamom, *Elettaria cardamomum*, ist ein indisches Ingwergewächs. Als weiße, schwarze oder grüne Schoten im Handel. Mein Gewürzhändler in der Frankfurter Kleinmarkthalle empfiehlt die frischen grünen Schoten als besonders aromatisch. Sternanis, *Illicium verum*, ist der getrocknete Fruchtstand eines in China heimischen Baumes. Er gibt meinen klaren Brühen oft den letzten Pfiff.

Sollte vom Püree etwas übrig geblieben sein: Mit Hühnerbrühe und Sahne auf Suppenstärke verdünnen, einige Butterflocken mit dem Mixstab in die kochende Suppe einschlagen. Salzen, pfeffern und mit gehackten Petersilienblättern bestreuen. Oder kurz vor dem Servieren die Petersilienblätter in Öl fritieren, auf Küchenpapier abtropfen lassen und vorsichtig auf die Suppe setzen. Fritiert entfaltet die Petersilie ihr volles Aroma.

Ist auch noch ein Rest vom Braten da: Das Fleisch in kleine Würfel schneiden, eine Karotte, einige Schalotten und ein Stück Sellerieknolle fein würfeln. Die Gemüse in einem halben Liter Fleischbrühe weichkochen, im Sieb abtropfen lassen, die Brühe wieder erhitzen. Acht Blatt Gelatine in kaltem Wasser einweichen, in der heißen Brühe auflösen. Alles in einer Schüssel vermischen, noch einen Achtelliter der Bratensoße einrühren, in eine Terrinenform füllen und über Nacht im Kühlschrank festwerden lassen. Diese Terrine mit Salat als Vorspeise, mit Gürkchen und Perlzwiebeln als Vesper servieren. Oder mit Bratkartoffeln als kleines Abendessen.

Chicorée und ein dunkles Bier

Chicorée kann bitter sein. Je älter, desto bitterer. Zwar sind die Bitterstoffe heute durch Züchtung gemildert, dennoch muß Chicorée immer knackig frisch sein, keinesfalls darf er grüne Blattspitzen haben. Am besten sind die kleinen Sorten aus Frankreich und Belgien. Wählen Sie beim Einkauf sorgfältig aus! Lassen Sie sich notfalls Stangen aus dem unteren Teil der Kiste geben. Die Gemüsehändler müssen lernen, daß der Chicorée das Licht scheut, daß er in der Auslage treibt und bitter wird.

Auch zu Hause dann kühl und dunkel lagern. Oder besser gleich verarbeiten. Zum Beispiel zu einem kleinen Salat: Die Blätter und eine Selleriestange quer in feine Streifen schneiden, mit Brunnenkresse und Walnußkernen mischen, mit einer Vinaigrette (aus Olivenöl, Walnußöl, Weißweinessig, Salz, Pfeffer, einigen Tropfen Zitrone und etwas Orangensaft) übergießen.

Variation: Die Chicoréeblätter in größere Stücke schneiden, eine Birne schälen und würfeln, in wenig Butter andünsten und mit einem Schuß Weißwein löschen. Die Birnenwürfel samt Sud über den Chicorée geben. Salzen, pfeffern, Olivenöl und einige Roquefortstückchen darüber. Auch mit Emmentaler, mit gekochtem oder rohem Schinken, mit Orangen, Mandarinen, Avocados, Nüssen läßt sich der frische Chicorée kombinieren, und statt einer Vinaigrette kann es dann auch eine leichte Sahne oder eine Mayonnaise sein.

Ich mag Chicorée als Salat, aber noch lieber als Gemüse. Erst geschmort entfaltet er sein Aroma: Die Herzen längs halbieren, dicht an dicht in eine gebutterte Form setzen, salzen, pfeffern, mit dem Saft einer halben Zitrone und mit 2 dl Wasser oder Hühnerbrühe oder Starkbier übergießen. Zugedeckt dreißig Minuten im Backofen schmoren. Mit Petersilie bestreuen und servieren. Da leuchtet das Auge des Vegetariers.

Wem das noch zu frugal ist, der umwickelt den so geschmorten Chicorée mit dünnen Scheiben von Ardennenschinken, kocht den Chicoréeschmorsaft mit Kalbsfond und Starkbier kräftig ein und läßt die Chicoréeschinkenröllchen in dieser Sauce noch drei Minuten im heißen Ofen durchziehen.

Ein Blitzrezept: Chicorée in breite Streifen schneiden, in Butter andünsten, eingelegten Ingwer, feingehackt, und etwas Ingwersirup dazugeben, mit Geflügelbrühe und einem Eßlöffel Sojasauce angießen. Drei bis fünf Minuten köcheln lassen. Schmeckt solo oder zu gebratener Hühnerbrust, auch zur Entenbrust.

Aber mein Lieblingschicorée geht so: Die ganzen Blätter in Butter anbraten, mit Puderzucker überstäuben. Wenn sie karamelisieren, den Saft einer Orange und einer Mandarine darüberpressen. Salzen, pfeffern. Fertig. Dazu gibt es ein Kalbskotelett, nur in Olivenöl und Butter gebraten. Dieser Zitrus-Chicorée paßt auch gut zu gebratener Seezunge.

❦

Chicorée, *Cichorium intybus foliosum,* bei uns früher Zichoriensalat genannt, wurde aus der Gemeinen Wegwarte gezüchtet, einem Gewächs aus der Familie der Korbblütler. Die jungen Blätter und Rosettenblätter der Wegwarte sind eßbar: mit zartem Löwenzahn, Gänseblümchen, Rauke, Bärlauch, Huflattich und Brunnenkresse ein Wildkräutersalat, der nach Frühling schmeckt. – Einst wurde Chicorée als Brüsseler Spezialität gehandelt, von daher noch die Bezeichnung Brüsseler Endivie. In Frankreich und Amerika nennt man den Chicorée nämlich Endivie. Und unser Endiviensalat, der auch eine Art der Zichorie ist, *Cichorium endivia,* heißt dort Chicorée. Das muß uns am heimischen Herd aber nicht irritieren. Wir müssen nur wissen: Der Chicorée ist ein bleiches Kind der Finsternis, er braucht den Schutz der Dunkelheit, damit er nicht verbittert.

Sollten Sie Ihre Wege nach Belgien führen, sind Sie zu beneiden. Der Chicorée heißt dort Witloof und ist das Nationalgericht im Flämischen wie im Wallonischen, nicht die Fritten, wie von Franzosen behauptet wird. Es sollen aber schon Belgier beim Verzehr von Chicorée mit Pommes frites beobachtet worden sein. Ein Fasan auf Brabanter Chicorée mit Waldpilzen im Brüsseler Comme chez soi läßt jeden Fasan auf Sauerkraut als Barbarei erscheinen. In Mechelen am Grote Markt bei D'Hoogh serviert man ein ganzes Menü mit Chicorée. Im einfachen Gasthaus finden Sie »Stoemp mit Witloof«, das ist in Sahne geschmorter Chicorée mit Kartoffelpüree vermischt und einer Bratwurst dabei. Bier paßt übrigens recht gut zu Chicorée. Es muß nicht unbedingt ein Trappistenbier oder ein anderes der vierhundert belgischen Biere sein. Ein deutsches Altbier oder ein Bockbier tut es auch.

Die Schwarze Trüffel

※

Schwarze Trüffeln sind ein Luxusprodukt, rar und teuer. Hundert Gramm kosten aber auch nicht mehr als eine Weihnachtsgans. Viele können Trüffeln nichts abgewinnen, andere sind süchtig. Die weiße Alba-Trüffel wird nur roh verwandt und würzt auch in Spuren betörend. Die schwarze Périgord-Trüffel dagegen muß in richtiger Menge ein Gericht beherrschen oder zumindest einen klaren Akzent setzen. Sie schmeckt roh, noch besser gekocht. Roh kann sie einen Salat verfeinern oder als purer Trüffelsalat serviert werden.

Zuerst ein Nachtisch. Eine schwarze Trüffel von dreißig bis fünfzig Gramm waschen, anhaftende Erde abbürsten. Einen fast reifen Brie de Meaux, einen Verwandten des Camemberts, wie einen Tortenboden aufschneiden. Feine Trüffelscheiben auf dem Brieboden auslegen. Den Deckel daraufsetzen und drei Tage an einem kühlen Ort reifen lassen. Trüffeln muß man möglichst frisch verzehren. Sie verlieren täglich an Aroma. Niemals in Reis aufbewahren, Reis entzieht die Feuchtigkeit, das beschleunigt den Verfall. Besser ist es, die Trüffeln in Küchenpapier zu wickeln und mit einem Dutzend frischer Landeier im Schraubglas drei Tage im Kühlschrank zu lassen. Diese Eier sind, auch ohne weitere Zugabe der kostbaren Knolle, das herrlichste Trüffelgericht, ob weich gekocht, als Rührei, Spiegelei oder Omelett.

Man sollte die schwarze Trüffel durch Kochen konservieren. Nach viel Probieren und Studieren hat sich die Methode Alfred Walterspiels, leicht verändert, am besten bewährt: Die Trüffel in einer klaren Hühnerbrühe oder Consommé double kochen, die mit der gleichen Menge eines alten trockenen Sherrys (nicht Madeira!) aufgefüllt wurde, – aber nicht länger als sieben Minuten, sonst wird die Trüffel hart. (Zum Aufbewahren in einem Schraubglas mit der stark eingekochten Essenz übergießen.)

Dies ist meine Trüffelessenz »Alfred Walterspiel«, zu der ich in Butter angeröstetes Baguette reiche, belegt mit eiskalter Butter und nicht zu dünnen Trüffelscheiben.

Ein kräftiger Kalbsfond, mit unserem Trüffelsaft und gehackten Trüffeln eingekocht, ergibt eine Sauce fürs Kalbs- oder Rinderfilet. Die Essenz mit dickem Rahm und einem Schuß Weißwein reduziert, mit Butter und Trüffelstücken aufgemixt – schon haben wir die ideale Begleitung für Fisch, ein gebratenes Steinbuttfilet zum Beispiel.

Ein Trüffelsüppchen zum Schluß: 600 g Schwarzwurzeln schälen, in daumengroße Stücke schneiden, in Butter mit einem Spritzer Zitrone andünsten, mit Geflügelbrühe auffüllen und weichkochen. Einen Becher Sahne, 5 Eßlöffel von unserer Essenz und 50 g Trüffeln dazugeben und mit dem Mixstab pürieren. Mit Schwarzwurzelstücken und einigen Trüffelscheiben garnieren.

❉

Die schwarze Périgord-Trüffel, *Tuber melanosporum,* gehört wie zweiunddreißig andere Trüffelarten zu den Ascomyzeten aus der Ordnung der Schlauchpilze. Sie wächst fünf bis dreißig Zentimeter tief im Boden in Symbiose mit den Wurzeln von Eichen und anderen Bäumen. Ist sie reif, zwischen Januar und Ende März, ist die Rinde intensiv schwarz, mit kleinen sechskantigen Warzen übersät. Das Fruchtfleisch ist dann ebenfalls schwarz, von weißen Adern durchzogen. Schwer von ihr zu unterscheiden ist die weniger aromatische Winter-Trüffel, *Tuber brumale.* Den Edeltrüffeln werden auch oft Bagnoli-Trüffeln, *Tuber mesentericum,* und Burgunder Trüffeln, *Tuber uncinatum,* beigemischt. In Frankreich wird die Périgord-Trüffel durch Gesetze geschützt, doch die Versuchungen sind groß. Sie wächst übrigens nicht nur im Périgord, auch in der Haute Provence, in Umbrien und in den Marken, in Katalonien und Navarra. Die meisten Trüffeln stammen von wilden Trüffelfeldern und werden von Trüffelhunden (kaum von Schweinen, die passen schlecht ins Auto) aufgespürt und mühevoll gesammelt. Man hört immer wieder von Versuchen, Trüffeln zu züchten. »Sät Eicheln, und ihr werdet Trüffeln ernten!« Schön wär's!

Sollten Sie sich genauer mit der Trüffel beschäftigen wollen, zwei Buchtips. Aus französischer Sicht, mit wunderbaren Fotos: »Die Trüffel« von Guy Bontempelli, Laaber Verlag. Aus dem Italienischen übersetzt: »Il tartufo« von Leonardo Castellucci, Edition Spangenberg bei Droemer Knaur. Und Patricia Highsmith erzählt eine amüsante Geschichte von Samson, dem Trüffelschwein, in »Kleine Mordgeschichten für Tierfreunde«, Diogenes Verlag.
Sollten Sie sich aber für die Märchen von der aphrodisierenden Wirkung der Trüffel interessieren, dann heißt es halt probieren. Brillat-Savarin kam zu dem Schluß: »Die Trüffel ist kein positives Erotikon. Bei bestimmten Gelegenheiten kann sie allerdings die Frauen nachgiebiger und die Männer feuriger machen.«

Austern
Las Brisas

❧

Zum erstenmal in Kalifornien, an der pazifischen Küste. Ich hatte frische Austern bestellt. Die waren mustergültig geöffnet, auf Eis, doch zu meinem Entsetzen mit einer bunten Salsa überzogen. Aber: Diese Austern schmeckten fabelhaft. Auch das zweite Dutzend. Das war in Laguna Beach im Restaurant Las Brisas. Seitdem habe ich in Erinnerung an die reizvolle Salsa immer wieder in der Küche experimentiert. Hier mein Rezept für diejenigen, die Austern roh nicht mögen.

Zwei Dutzend Austern Fines des claires mittlerer Größe vorsichtig über einer Schüssel aufbrechen und das Austernwasser durch ein sehr feines Sieb auffangen. Bei jeder Auster darauf achten, daß sie noch fest verschlossen und das Seewasser nicht ausgelaufen ist, daß das Fleisch prall ist und glänzt und nach frischer See riecht. In Zweifelsfällen nichts riskieren! Schon beim Kauf sollte man nach dem Lieferdatum fragen und auch gleich eine probieren. Zwar sind Austern heute so schnell in Berlin und Frankfurt wie in Paris, aber die geringere Nachfrage hebt nicht nur den Preis, sondern produziert auch mal Ladenhüter.

Das Austernwasser durch das feinste Sieb in einen Topf geben, zwei Glas Champagner dazu und kurz aufkochen. Die ausgelösten Austern einige Sekunden im sechzig Grad heißen Sud steif werden lassen, abtropfen und in die gesäuberten Schalen zurücklegen. Im warmen Fond vier Blatt eingeweichte Gelatine auflösen. Dazu gebe ich, fein gehackt, Petersilie, Koriandergrün, eine Schalotte und eine kleine frische Chilischote. Die Sauce auf Eis kaltrühren und, wenn sie zu gelieren beginnt, ein Glas Champagner dazugießen und die Austern damit sofort überziehen. Der Mousseux bleibt so im Gelee konserviert.

Läßt man das Gemüse weg, hat man Austern in Champagner, aber eben nicht roh. Und den Puristen sei gesagt: Natürlich schmeckt die Auster nackt am besten. Dann aber auch ohne Zitrone und ohne Pfeffer! Und noch eines: In seinem Küchenkalender bemerkt Grimod de la Reynière, »nach dem fünften oder sechsten Dutzend hört die Auster auf, ein Genuß zu sein«.

❧

Zwei Arten von Austern spielen in der Küche eine Rolle: die Europäische oder Tafelauster, *Ostrea edolis*, und die Portugiesische Auster, *Cassostrea angulata*, die asiatischen Ursprungs ist. Sie werden in der Gastronomie als Belons und Creuses angeboten. Kenner unterscheiden Wildaustern von Parkaustern, die im Klärbecken zwischengelagert waren, Fines des claires zum Beispiel zwei Monate, Spéciales sechs Monate. Ein P hinter dem Namen steht für petites, M für moyennes, G und GT für die großen Exemplare. Auch die Herkunft ist wichtig, Austern haben wie Wein ihre Appellation. Alfred Walterspiel bevorzugte die Native aus Kent, Waverley Root die Olympia aus dem Pudget Sund, ich fand auf einer Vergleichsprobe die irische Galway und die Sylter Royale sehr gut, während französische Köche von ihren Marennes vertes schwärmen. Sind Austern grünlich verfärbt, ist das kein Makel, sondern ein Zeichen, daß sie im Klärbecken waren, wo die Kieselalge ihr Grün den Weichteilen der Muschel mitgegeben hat. Die alte Regel, daß Austern in Monaten mit r besser schmecken, gilt immer noch: Während der Laichzeit im Sommer sind die Muscheln geschwächt.

Sollten Sie Ihre Austern nicht aufbekommen, lassen Sie sich Ihr Dutzend in Paris im Bofinger oder einer Brasserie eigener Wahl servieren, mit einem Muscadet. Oder mit den Pöseldorfer Freunden auf Sylt in Goschs Imbißbude, einen Champagner dabei. Oder in Brighton, in der Oyster Bar, mit einem Chablis Premier Cru. Mir ist eine Austernplatte in Jake's Famous Crawfish in Portland, Oregon, im Gedächtnis: sechs verschiedene Sorten, und ein Dutzend Olympias extra. Dazu ein kalifornischer Chardonnay. In La Rochelle ließ mich ein ergrauter Genießer Austern zu Gänseleberpâté und einem Sauternes probieren, wie es um die Jahrhundertwende Mode war. Nicht weniger interessant die Erfahrung in Moran's Oyster Cottage in Clarinbridge, wo die Galway-Wildaustern von Soda Bread und Guinness begleitet waren. Zu Hause, sollten Sie es nun doch noch mal mit dem Öffnen probieren, kann es auch ein trockener Saarwein sein.

Beim Öffnen schützt ein Arbeitshandschuh die linke Hand, die auf einem Küchentuch die Auster hält, die tiefe Schale nach unten. Die Rechte führt den Austernöffner in das Scharnier zwischen Unterschale und Deckel: Ein kurzer Druck nach vorn, leicht verkanten – der Deckel öffnet sich. Am Deckel entlangfahren und die Weichteile lösen. Waagerecht halten, sonst läuft das Austernwasser weg.

Wolfsbarsch und Fenchel

🌿

Die Fastenzeit ist angebrochen. Da schwelgen wir im Fisch. Ein gläubiger Katholik ist durch den Blasiussegen vor Gräten im Hals geschützt, andere müssen halt aufpassen. Einer der schönsten Meeresfische ist der Wolfsbarsch, dessen mageres, festes und aromatisches Fleisch schon den Römern als Delikatesse galt. Auch heute ist der Loup de mer begehrt und darum teuer, besonders im Sommer, wenn Millionen Franzosen und Italiener am Meer ihren Loup oder Branzino vertilgen. Im Winter kostet er nur die Hälfte.

Kaufen Sie keinen Baby-Loup. Eineinhalb bis zwei Kilo sollte der Wolfsbarsch schon haben. Und frisch muß er sein. Also geangelter Loup aus der Küstenfischerei. Zeichen für Frische sind rote Kiemen, klare Augen, glänzende Schuppen und ein fester Bauch. Der Frischetest meines japanischen Freundes und Sushi-Meisters geht so: Den Fisch am Kopf packen und waagerecht halten. Bleibt er steif, ist er frisch. Je mehr der Schwanz hängt, desto älter ist der Bursche. Lassen Sie den Fisch schuppen und filetieren, die Haut jedoch nicht entfernen.

Nehmen Sie den Kopf (ohne die Kiemen) und die Gräten mit, es lohnt sich, vom Loup einen Fond zu ziehen: In zwei Löffeln Olivenöl eine Zwiebel, zwei Knoblauchzehen, eine Karotte, je eine Stange Lauch und Sellerie mit ein paar Champignons andünsten; Kopf und Gräten dazugeben, ein Lorbeerblatt, einen Thymianzweig, eine Nelke, Pfeffer, Salz und eine Prise Zucker, eine Flasche trockenen Weißwein und einen halben Liter Wasser angießen. Auf kleinem Feuer mehr ziehen als köcheln lassen. Zwanzig Minuten sind genug. Starkes Feuer trübt den Fond, zu langes Kochen macht ihn leimig.

Zum Loup de mer auf Fenchel wurde ich von dem barbarischen Verfahren provenzalischer Wirte angeregt, die ihn an der Côte d'Azur für die Touristen auf Scheiterhaufen trockenen Fenchelkrauts verbrennen, als sei er ein Katharer. Irgendwas ist dran an der Verbindung Loup und Fenchel, sie muß nur sanft vonstatten gehen.

Also: Die Filets in vier Portionen teilen. Pro Esser je drei oder vier Fenchel- und Kartoffelscheiben und einige Streifen Finocchiona (italienische Fenchelwurst) in Olivenöl kräftig anbraten und in eine feuerfeste Form legen. Die Fischstücke zuerst auf der Hautseite vorsichtig anbraten, wenden und nach zwei Minuten Bratzeit auf die Gemüsescheiben

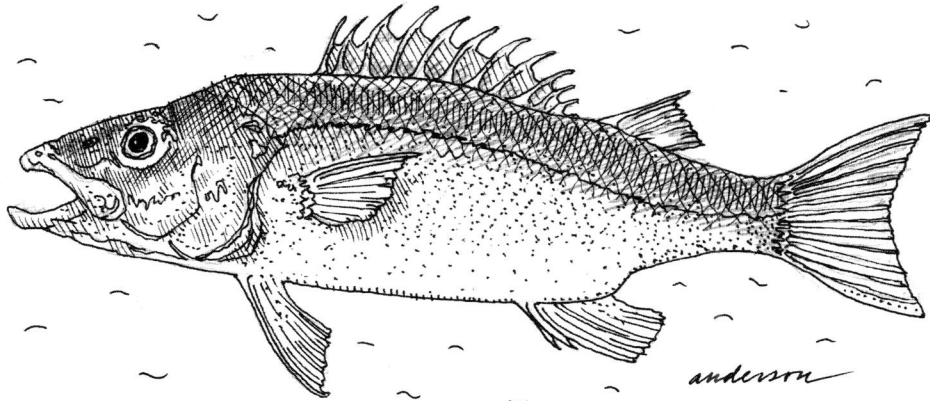

betten, Haut nach oben. Salzen, pfeffern, einen Viertelliter Fischfond oder Weißwein und zwei Eßlöffel Olivenöl darübergießen, für sechs bis zehn Minuten in den 180 Grad heißen Ofen schieben. Die Gemüse garen in der Flüssigkeit, der Fisch bleibt saftig und bekommt eine knusprige Haut, aber wir haben keine Sauce. Ich reiche dazu eine Aioli, eine Art provenzalischer Mayonnaise: Eine gekochte Kartoffel mit sechs frischen Knoblauchzehen zerdrücken, bis eine Crème entsteht, nach und nach 15 cl gutes Olivenöl einrühren, mit Salz, Pfeffer, Chilipulver und Zitronensaft würzen. Eine klassische Mayonnaise mit Knoblauch tut es aber auch.

Ist Fischfond übriggeblieben, kann man ihn einfrieren oder mit feingeschnittenen Fenchelscheiben eine Suppe kochen. Bleiben gar Reste vom Fisch: Fenchel im Fond weichkochen, die entsprechende Menge eingeweichter Gelatine darin auflösen, mit Tomatenwürfeln, Fenchelgrün und einem Schuß Pastis würzen, den Fenchel und die gegarten Fisch-

Sollten Sie auf Ihrer nächsten Toskanareise nach Greve in Chianti kommen, versäumen Sie nicht, am Marktplatz in der Antica Macelleria Falorni eine dicke Scheibe Finocchiona zu probieren. Sie werden dann gewiß mindestens eine ganze Fenchelwurst mitnehmen.

Sollten Sie einmal einen Wolfsbarsch selber angeln, dann schuppen Sie den Fisch nicht, nehmen Sie ihn durch die Kiemen aus, setzen ihn in einer Form, die den ganzen Fisch aufnimmt, in ein Kilo grobes Meersalz und bedecken ihn auch mit Salz. Nach dreißig Minuten im sehr heißen Ofen den Salzblock aufschlagen und das cremige Fleisch vorsichtig servieren.

Mein bester Loup war ein Bar, serviert bei einem Silvestermenü im Pariser Taillevent. Ein saftiges Stück Wolfsbarsch auf einer schlichten Buttersoße, gesalzen mit einem Eßlöffel Beluga-Kaviar. Auf die Frage, wie denn der Fisch so saftig blieb, erklärte Monsieur Vrinat verschmitzt, ein paar Geheimnisse müsse ein Koch haben. Mein Sushi-Meister dagegen verrät gern, wie der Loup am feinsten ist: als Sashimi, roh, die dünnen Scheiben in Sake mit etwas Sojasoße gestippt. Aber ein Geheimnis hat er auch: Wie er den Fisch so kunstvoll schneidet! Das Messer habe ich schon, zum Üben brauche ich nun, meint Sakamoto san, vielleicht zehn, höchstens fünfzehn Jahre.

stückchen in eine Form schichten, mit der Flüssigkeit übergießen und kaltstellen. Das ist eine sommerliche Vorspeise für graue Februartage. Und noch ein Salat: Rohen Fenchel in feine Streifen schneiden, mit Orangenfilets und schwarzen Oliven mischen. Salz, Pfeffer, Zitronensaft, etwas Zucker und feinstes Olivenöl darüber. Fertig ist ein klassischer sizilianischer Salat, der noch mit kalten Fischstücken, Streifen von der Fenchelwurst oder Ölsardinen ergänzt werden kann.

Der **Wolfsbarsch**, *Roccas labrax,* heißt im Englischen Bass, italienisch Branzino, französisch Bar und darf eigentlich nur dann Loup de mer genannt werden, wenn er im Mittelmeer gefangen wurde. Er ist ein bleigrauer, am Bauch silberweißer Serranide, bis fünf Kilo schwer. Er lebt in Küstennähe und wird meist geangelt. In der Biscaya und an der Atlantikküste zwischen Neuschottland und Carolina gibt es eine verwandte Art, den White perch, *Roccas americanus,* kleiner und von etwas minderer Qualität. – Der **Fenchel**, *Foenikulum vulgare,* ist uns aus der Kindheit vertraut. Fencheltee beruhigt Magen und Darm. Ich mochte die Hustenbonbons, haßte aber das Fenchelgemüse, das in Italien aus dem wilden Fenchel gezüchtet worden war.

Die Knolle gilt als der genießbare Teil der Pflanze, doch sind die grünen Blätter ein gutes Salatkraut. Die Samen des wilden Fenchels würzen seit alters Fisch, Fleisch, Würste und Brot.

Meine Kindheit im armen katholischen Teil des Frankenwalds war geprägt von Fastenzeiten und üppigen Festen. Wenn es um Mehlspeisen ging, waren Mutter, Großmütter und Tanten fast so erfinderisch wie böhmisch-wienerische Köchinnen. Da gab es Krautfleck, Nudelaufläufe, Strudel, Dampfnudeln, Topfenklöß, Zwetschgenknödel, Mohnnudeln, Apfelschmarrn und Pfannkuchen. War Markttag, schlich ich trotzdem zum Großvater ins Wirtshaus, zu Kalbskopf, Lüngerl oder Wildschweinbraten. Das war natürlich Sünde, aber Absolution war möglich.

Zuerst eine salzige Fastenspeise, die auch ohne Mehl gelingt: Eierschmalz. Fünf Semmeln vom Vortag in kleine Würfel schneiden. Mit etwas Butterschmalz im Backofen schön knusprig rösten. Drei Eier mit einem halben Liter Milch, Salz und Pfeffer gut durchschlagen. Die Semmelwürfel in eine gebutterte Auflaufform geben, die Eiermilch angießen und eine Handvoll Schnittlauch unterrühren. Bei 180 Grad im Ofen vierzig Minuten backen, bis die Kruste dunkelbraun ist. Denn die Kruste ist das Beste. Dazu gibt es Salzkartoffeln und eine kalte Kräuterrahmsauce.

Festtage waren nicht nur die großen kirchlichen Feiertage. Hochzeiten, Taufen mußten gefeiert werden, aber auch Kärwa, Lichtmeß, Bartholomä. Ein Festmahl begann mit Leberknödelsuppe. Dann gab es Bratwürst, manchmal auch Forellen oder Karpfen, gefolgt von verschiedenen Braten. Danach erst kam Geflügel. Zum Schluß Kuchen und Torten, und auf keinen Fall durften Blöchla und Sträubla fehlen. Das Blöchla ähnelt in Form und Rezeptur so sehr den sizilianischen Canoli, daß man sich fragt, ob Friedrich II. dieses Schmalzgebäck aus Franken mitgenommen hat.

Das Blöchla meiner Mutter: 2 Pfund Mehl, 8 Eier, 1 Pfund Butter mit einer Prise Salz und 2 Eßlöffeln Zucker zusammenkneten und den Teig schlagen, bis er Blasen wirft. Stehenlassen, am besten über Nacht, bis er sich nudeln läßt. Dünn ausrollen, in Rauten oder kleine Quadrate ausradeln und in heißem Fett, möglichst Butterschmalz, etwa drei Minuten ausbacken. Hellgelb sollen sie sein, mit feinen Blasen wie ein Blätterteig. Fürs Original verwendet man ein Rundeisen am Stiel, über das ein Teigrechteck geschlagen wird. So entstehen die gleichen Röhren wie bei

Blöchla und Sträubla

—— ❦ ——

Blöchla und Sträubla

den Canoli. Nach dem Backen werden sie in einer Mischung aus Kristall-, Puder- und Vanillezucker gewälzt.

Im gleichen Schmalz backt man die Sträubla, die auch Knieküchle heißen. 400 g Mehl in eine Schüssel sieben. In einer Kuhle aus 20 g Hefe, etwas Zucker und 3 Löffeln lauwarmer Milch einen Vorteig mischen, abdecken und gehen lassen. Mehl, Vorteig, 30 g Zucker, eine Prise Salz, 3 geschlagene Eigelb, 50 g zerlassene Butter, 2 Löffel Rum und ¼ l Sahne durcharbeiten, bis der Teig glatt ist und Blasen wirft. Zudecken und auf das doppelte Volumen gehen lassen. Kleine Kugeln

24

formen, wie Aprikosen, auf einem mehlierten Tablett noch mal eine halbe Stunde gehen lassen. Diese Kugeln dann so auseinanderziehen, daß sie einen wulstigen Rand behalten, während die Mitte dünn wird wie eine Membran. Im Schmalz von beiden Seiten backen, die Ränder schön goldbraun, die Mitte soll aber hell bleiben. Noch warm und mit Puderzucker bestäubt, sind die Sträubla meine Madeleines.

❦

Das **Ei** hat für den Bildhauer Brancusi, und nicht nur für ihn, die vollkommenste aller Formen. Und das Hühnerei gilt vielen als ein Fundament der Volksernährung. In jüngster Zeit ist es allerdings heftig in Verruf geraten. Gleichwohl kann keine Küche auf das Ei verzichten. Es sollte nur ein paar Tage alt sein und von Hühnern mit Auslauf im Grünen kommen. Frisch aus dem Nest genommene Eier, so belehrt mich Alfred Walterspiel, haben zu viel Wasser und sind im Geschmack nicht so gut wie solche, die vier oder fünf Tage kühl gelagert waren. Eierschalen sind porös und lassen Aromen (wie bei unseren Trüffeleiern) eindringen, aber im Kühlschrank auch andere Gerüche. Was die Salmonellen angeht: Das Ei nicht direkt über dem Gefäß aufschlagen, in dem man es verarbeitet. Und die Crème, die Mousse, das Parfait, das Eis alsbald verzehren, nicht lagern, vor allem nicht in der warmen Jahreszeit. Dann besteht kein Grund zur Panik. Und zur Furcht vor Cholesterin: Erstens sollte man sowieso nichts übertreiben, zweitens bringt die Forschung jeden Tag was Neues. Der Wiener sagt: »Lieber Hypertonie als nie eine Mehlspeis.«

Sollten Sie in Wien oder anderswo in Kakanien mit Kipferln und Strudeln dem Mehlspeisgipfelglück verfallen, vergessen Sie nicht, daß es die böhmischen Köchinnen sind, denen Österreich seine Mehlspeisenkultur verdankt. Darum noch das Rezept einer tschechischen Freundin für zwanzig Liwanzen: 250 g Mehl mit ¼ Teelöffel Backpulver, ½ Liter Buttermilch, 2 Eigelb, 1 ½ Eßlöffeln Zucker und einer Prise Salz gut verrühren, eine halbe Stunde gehen lassen und mit dem Eischnee aus dem Eiweiß der beiden Eier vorsichtig vermischen. Die Masse in eine Liwanzenpfanne oder Dalkenpfanne, das ist eine Pfanne mit sechs kleinen runden Vertiefungen, löffelweise hineingeben und von beiden Seiten in Fett goldbraun ausbacken. Vielleicht haben Sie von der Oma solch eine Pfanne geerbt. Jetzt wissen Sie, wofür die war. Es gibt sie aber noch in guten Küchengeschäften. Wenn Kristina wieder Liwanzen macht, bin ich imstand, zwanzig Stück allein zu essen, allerdings mit Powidl, Pflaumenmus. Und einem alten Zwetschgenschnaps.

Artischocke und Spargel

※

Es wird schon Frühling in der Markthalle. Wenn die kleinen Artischocken, mit Stengeln und Blättern, wie Haufen von Disteln an den Ständen liegen und daneben die dünnen Grünen Spargeln aus Sorrent, dann ist es auch Zeit für Sonne auf dem Teller.

Die Stiele der Artischocken, vier pro Person, auf 5 cm kürzen und schälen. Die äußeren Blätter entfernen, vom Rest des Kopfs das obere Drittel abschneiden. Die Artischocken in dünne Scheiben schneiden, längs, so daß Stiel, Boden und Blütenblätter noch zusammenhängen.

Mit Zitronensaft beträufeln und in einer großen Pfanne in Olivenöl partienweise anbraten, immer nur eine Schicht auf dem Pfannenboden. Von 200 g dünnen Grünen Spargeln die oberen grünen Teile abbrechen. Sie brechen da, wo sie nicht mehr holzig sind. Die Spitzen etwa 5 cm lang abschneiden, die restlichen grünen Teile in kurze Stücke schneiden und mitbraten. 1 Knoblauchzehe, 1 Thymianzweig, 3 Scheiben getrocknete Tomate feingehackt dazugeben, auch 1 frische Tomate, gehäutet und gewürfelt. Gut salzen, pfeffern. Mit einem Schuß Weißwein und Olio santo abrunden. Die blanchierten Spargelspitzen und frisch gehackte Petersilie dekorativ darüberstreuen. Olio santo ist Olivenöl der ersten Pressung, mit einigen trockenen Chilischoten aromatisiert. Wer es nicht scharf mag, nimmt nur das Öl, es ist, wenn aus neuer Ernte, heilig genug.

Bleibt ein Rest, gibt das, mit Zitrone mariniert, ein kaltes Antipasto. Zwei, drei Eier verschlagen, den Rest untermischen und in der Pfanne mit Öl braten, außen schön trocken und fest, innen saftig. Fertig ist eine Frittata. Wie eine Torte aufgeschnitten schmeckt sie warm und kalt, als Vorspeise oder zwischendurch.

In Rom aß ich »Carciofi alla guida«, Artischocken auf jüdische Art, vielleicht die beste, jedenfalls die schönste aller Möglichkeiten, dieses Gemüse zuzubereiten. Salcia Landmann meint, das Rezept sei mit den aus Spanien vertriebenen Juden nach Rom gekommen. Die ganz jungen Artischocken putzen wie beschrieben und in Salzwasser mit ordentlich Zitronensaft legen. So werden sie nicht braun und unerwünschte Untermieter fliehen. Die Artischocken trocknen, die Blätter leicht auseinanderziehen und kopfüber in nicht zu heißem Olivenöl fritieren, bei 150 Grad vielleicht. Die Blätter gehen auf wie Blumen und werden goldbraun, knusprig. Nach fünf Minuten umdrehen, Stiel und Unterseite fertigbacken. Schmeckt solo und besonders gut zu Lamm.

Man kann die geputzten kleinen Artischocken auch nur in einem Sud, halb Weißwein und halb Wasser, mit einem guten Schuß Olivenöl, zwei mit Salz zerdrückten Knoblauchzehen, einigen Pfeffer- und Korianderkörnern und einem Lorbeerblatt zwanzig Minuten kochen. Herausnehmen, abtropfen lassen und in einer Marinade aus Olivenöl, Zitronensaft, feingehacktem Knoblauch, Petersilie und frischer Minze gleich warm servieren oder einige Tage durchziehen lassen. Die in Fleischboutiquen angebotenen »marinierten Artischockenherzen« werden Ihnen danach leider nicht mehr schmecken.

Für eigene Konserven die gut abgetropften Artischocken in ein steriles Glas schichten, einen Rosmarinzweig und Knoblauch nach Gusto dazugeben, mit Olivenöl bedecken. Mit einem Deckel verschließen und an einem kühlen, dunklen Ort lagern. Das lohnt sich, wenn Sie eine größere Menge preiswert kaufen können und Artischocken wirklich mögen. Gute Konserven, aus dem Glas und in Olivenöl, meist aus Italien, sind hier wie dort nicht billig.

❦

Sollten Sie sich in der Osterzeit am Mittelmeer ein paar Urlaubstage gönnen, könnten Sie auf Wilden Spargel stoßen. Unbedingt probieren! Auf den Märkten ist er sündhaft teuer, man kann ihn aber selber sammeln. Wo dünnes, gefiedertes Asparaguskraut hochschießt, findet man am Boden die fingerlangen Spitzen. Auf einer nachösterlichen Wanderung in der Cinque Terre sammelte ich ein gutes Pfund. Den Capitano freut es, er macht uns ein Risotto. In Olivenöl schwitzt er eine feingehackte weiße Zwiebel an. Die unteren, weichen Teile des Spargels gibt er dazu, auch den Risottoreis, ein paarmal umgerührt, bis er schön glasig ist. Dann gießt er mit Weißwein und heißer Brühe auf, und rührt. Noch etwas Brühe, noch ein Schuß Wein. Kurz bevor es fertig ist, die Spargelspitzen dazu, noch Olivenöl, etwas Pfeffer und zwei Löffel Parmesan. Seitdem mag ich den Grünen Spargel nur, wenn es auch Wilder Spargel ist.

Spargel, *Asparagus officinalis,* ist ein Liliengewächs. – Die distelartige Artischocke, *Cynara scolymus,* gehört zu den Korbblütlern. Ob ihre Heimat der Vordere Orient war, Nordafrika oder Sizilien, wie Waverley Root meint? Ob die Cynara der antiken Quellen schon unsere Artischocke oder doch die Kardone, *Cynara cardunculus*, war? Jedenfalls scheint sie als Produkt arabischen Gartenbaus (arab. ardi-schauki, Erddorn) mit den Mauren nach Sizilien und Südspanien gekommen zu sein. Im sechzehnten Jahrhundert erreicht sie Frankreich, später Deutschland. Es gibt unzählige Sorten, grün bis dunkelviolett, rund bis länglichspitz. Uns interessieren nur die kleinen Sorten wie Cantanese, Violetto di Toscana, Tudela oder Spinoso sardo. Die dicken französischen Artischocken reifen später im Jahr und sind, gekocht, die abgezupften Blätter in Vinaigrette getaucht, mehr Zeitvertreib als ein Essen.

27

Trippa Nittardi

Gargantua kam zur Welt, nachdem sich seine Mutter Gargamella an Kutteln überfressen hatte und Blähungen sie quälten. Rabelais erzählt nicht, nach welchem Rezept die »Gaudebillaux« zubereitet waren. So schulde ich eines.

Im vergangenen Jahr machte ich mit meinem Hund einen etwas längeren Osterspaziergang von Frankfurt nach Florenz. Unterwegs, wo immer die Gelegenheit sich bot, probierte ich Kutteln. Im Kraichgau als leichte Suppe, mit Riesling abgeschmeckt, auf der Alb sehr rustikal, mit Einbrenn, schwäbisch, an der Donau blitzsauber, vorgekocht, als Leckerei für meinen braven Hund, in Überlingen geschmälzt, das heißt in Öl mit feingehackten Zwiebeln angeröstet und mit etwas Essig abgelöscht, dann trocken und knusprig serviert. Im Stern in Chur aß ich zu traditionellen Bündner Weinen Maluns, Capuns und dann noch Kutteln mit Kümmel und Rahm. In Tirano, schon im Veltlin, hieß die Kuttelsuppe Busecca und enthielt viel Gemüse. In Iseo serviert der Chef der Trattoria Il Volto die Trippe mit Rindfleisch, in Olivenöl mit Weißwein und Kräutern geschmort. Auf dem Weingut Nittardi angekommen, kochte ich dem Gastgeber und Kuttelliebhaber als kleines Dankeschön Trippa Nittardi:

Sauber geputzte und vorgekochte Kutteln in fingerlange Streifen schneiden. Auf 500 g Kutteln 2 Zwiebeln, 3 Knoblauchzehen und eine Selleriestange in 3 dl bestem frischem Olivenöl anschwitzen, mit 4 dl Fleischbrühe auffüllen und eine bis zwei Stunden weichköcheln. Die Garzeit hängt davon ab, wie weit die Kutteln vom Metzger vorgegart sind. In Italien und Süddeutschland kauft man die Kutteln fast gar, während ich sie in Frankfurt in Salzwasser und einem Schuß Essig erst zwei Stunden vorgaren muß, bevor ich sie in Streifen schneide und wie beschrieben weiterverarbeiten kann. Die Kutteln sollen weich sein und doch noch etwas Biß haben. Mit Salz, Pfeffer, einer getrockneten Chilischote, feingehacktem frischem Rosmarin, Petersilie, der abgeriebenen Schale einer Zitrone, Zitronensaft und einem guten Schuß Grappa würzen, wenn vorhanden, mit Rosmarinblüten bestreuen. Dazu pane e vino, basta!

Das Weingut produziert ein phantastisches Olivenöl und einen sehr guten Grappa. Vorm Haus blühte ein Rosmarinstrauch, im Hof der Fattoria hingen Zitronen am Baum. So entstand das Rezept für den Freund. Die Menge des Olivenöls stimmt, das Öl verkocht mit Brühe und Kräutern zu einer bekömmlichen Emulsion.

Und noch ein Kuttelrezept aus der Florentiner Trattoria Cibreo: Insalata di Lampradella. In Brühe und Weißwein weichgekochte Kuttelstreifen in einer Gemüsevinaigrette servieren. Dazu eine Karotte, Zwiebel, Knoblauch, Sellerie, Petersilie, ganz fein gehackt, mit frischen Tomatenwürfelchen, Basilikumstreifen, Rotweinessig, Olivenöl, Salz und Pfeffer verrühren. Auch dazu schmeckt ein Chianti, Annata oder Riserva.

※

Bei den **Kutteln, Kaldaunen, Tripes, Trippa**, in Königsberg und in Franken auch Fleck genannt, Kuttelfleck, handelt es sich um den ersten und zweiten Magen des Rinds oder Kalbs. Die Wand des ersten ist glatt oder zottig wie ein Frotteehandtuch, die des zweiten ist zellig, wie mit Waben strukturiert. In Frankreich und anderen Ländern wird noch der Fettdarm dazugenommen. Auch die Kutteln von Schafen und Ziegen werden verzehrt, in der Provence zum Beispiel, geschmorte Füße dabei: Pieds et Paquets. Griechen und Türken essen schon als Frühmahl eine Suppe, die aus in Milch gekochten Kutteln besteht. Und ist nicht das griechische Kokoretsi (Innereien vom Lamm mit Kutteln und Fettdarm auf dem Spieß gebraten) die Erinnerung an Opferschmäuse am Altar des Zeus? In Italien gibt es mehr als fünfzig Zubereitungen von Trippa, sogar eine Confraternita della Trippa in Montecalieri, in Frankreich Tripes de Caen und dreißig andere Rezepte, es gibt spanische, kreolische, chinesische, böhmische, polnische Kutteln. Aber norddeutsche, englische, amerikanische? Ist das Entsetzen über Innereien etwa ein protestantisches Problem?

Sollten Sie mal nach Singapur verschlagen werden, empfehle ich Ihnen den Food Market in Tanjong Pagar im südlichen Zipfel Chinatowns. Dort stellten wir uns an einem Stand in eine lange Warteschlange, weil meine Frau, nicht unvernünftig, meinte, bei einer solchen Nachfrage muß es wohl was Besonderes geben. Und so war es: Schweinskaldaunen, näher will ich es nicht beschreiben, und Schweinsfüße in einem großen Kessel mit hundert Knoblauchknollen in schwarzer Bohnensoße gekocht. Es war phantastisch!

29

Lachs Tandoori

———————— ✻ ————————

Die immer wieder gern erzählte Geschichte von den Hamburger Dienstboten, die nicht öfter als zweimal in der Woche Lachs essen wollten, enthält einen wahren Kern: Dieser Fisch bewohnte unsere Flüsse einst in großen Scharen. Und kostete das Kilo 1870 in Danzig knapp eine Mark, so bleibt als Trost, daß eine Mark damals noch was anderes war als heute und daß die Dienstboten rar geworden sind. Damals aßen alle Wildlachs. Heute kommen neun von zehn der bei uns vermarkteten frischen Lachse aus Aquakulturen. Wildlachs hat eh nur in den Sommermonaten Saison. Auch die sagenumwobenen Lachse aus Gerd Kübels Räucherei kamen aus norwegischen Zuchten. Und wenn der Lachs als Schwein des Meeres abgetan wird, kann ich nur sagen: Eher finde ich einen akzeptablen Zuchtlachs als ein im Wald mit Eicheln genährtes Schwein. Sicher gibt es Unterschiede. Frisch soll der Fisch sein, fest im Fleisch und etwa drei bis vier Kilo wiegen. Jetzt aber das Rezept aus Frankfurts multikultureller Hausmannsküche.

Pro Person ein Lachsschnitzel von 150 g, aus dem Mittelstück des Filets. Die braunen Fetteile, die nach dem Häuten an der Unterseite sitzen, sauber abschneiden. Sie schmecken tranig. In einer beschichteten Pfanne Öl erhitzen und die Schnitzel, gesalzen und gepfeffert, auf beiden Seiten je eine Minute kräftig anbraten, auf eine feuerfest Platte setzen und mit Tandoori-Paste bestreichen. Im 200 Grad heißen Backofen fünf bis sieben Minuten garen. Ich mag den Lachs medium, also im Kern noch glasig, so bleibt er saftig und bewahrt seinen Eigengeschmack.

Tandoor-Gerichte wie das berühmte Tandoori-Huhn stammen aus Nordindien, wo der Tandoorofen, ein Tongefäß über einem Holzkohlenfeuer, die Küche bestimmt. Die Bratenstücke werden in Gewürzen und Joghurt vorher mariniert. Wir mischen im Verhältnis eins zu zwei Tandooripaste aus dem Glas (gibt es im Gewürzladen) mit Joghurt. Ich mariniere den Lachs jedoch nicht, weil die Joghurt-Gewürzmischung in der Pfanne leicht verbrennt. Verwenden Sie keine Tandooripulver, sie enthalten nicht zugelassene Lebensmittelfarbe.

Traditionell serviert man zu Tandoor-Gerichten in Limonensaft marinierte Zwiebelringe und Butter-Naan, das gesäuerte Brot Nordindiens. Ich schlage ein Gemüsecurry, ein Chutney und Gewürzreis als Beilage vor. Fürs Curry gehackte Zwiebeln mit Knoblauch in Öl angehen lassen,

Lachs Tandoori

die Gemüsestücke dazugeben (Karotten, Zucchini, Auberginen, Blumenkohl, was sie mögen oder vorrätig haben), mit einem guten Currypulver überstreut anbraten und mit Joghurt aufgießen. Köcheln, bis alles weich ist. Das Chutney kann ein Fertigprodukt sein oder vielleicht ein Kokos-Minz-Chutney: 4 frische Chilischoten ohne Kerne, eine Handvoll frischer Minzblätter, 4 gehackte Frühlingszwiebeln, 4 mit Salz zerdrückte Knoblauchzehen, 100 g Kokosflocken und einen Eßlöffel Zukker mit dem Saft von 2 Limonen und mit 1 dl Wasser im Mixer oder Mörser zu einer Paste verarbeiten. (Schmeckt auch zu Lammkoteletts oder gebratenem Hühnchen.)

Sollten Sie in Irland oder Kanada angeln und Lachs im Überfluß erbeuten und nicht immer nur die ganze Lachsseite an ein Brett nageln und neben einem Lagerfeuer garen wollen, hier noch ein Rezept, das auch zu Hause funktioniert. Filetieren und häuten Sie den Fisch, schneiden ihn in 5 cm breite Stücke, geben in einen Topf oder Wok mit Deckel 3 Eßlöffel Räuchermehl und lassen auf einem Rost darüber die leicht gesalzenen und geölten Lachsstücke fünf bis acht Minuten bei schwachem Feuer räuchern. So, halbgar und noch warm, schmeckt mir der Lachs am besten.

Und der Gewürzpilaw geht so: 300 g Patna- oder Basmati-Reis in einem Sieb unter fließendem Wasser gut durchspülen und abtropfen lassen. In einem Topf gehackte Zwiebel, Knoblauch, frischen Ingwer, einige Nelken, Kardamomkapseln, Sternanis, Zimtstücke, Koriander und Kreuzkümmelsamen und einen Teelöffel schwarze Senfkörner in Öl anbraten, den Reis dazugeben und durchrühren bis er glasig ist, dann salzen und vier Tassen Wasser aufgießen. Wenn alles kocht, die Hitze reduzieren, zudecken und 20 Minuten ziehen lassen, bis das Wasser aufgesogen ist und der Reis weich.

※

Es gibt zweierlei **Lachs**, den atlantischen, *Salmo salar,* der früher in unseren Flüssen heimisch war und noch an der kanadischen Ostküste, vor Grönland, Irland, Schottland, Norwegen und in der Ostsee vorkommt, und den Pazifik-Lachs, *Oncorhynchus,* der Meere und Flüsse von Kalifornien bis Alaska, von Kamtschatka bis Japan bewohnt. Die wichtigsten Arten des pazifischen Lachses heißen Kingsalmon, Rotlachs und Buckellachs. Auch die Regenbogenforelle gehört in diese Familie, während Bachforelle und Meerforelle zur Gattung *Salmo* zählen. Vom Rheinlachs berichtet ein »Appetit-Lexikon« 1894, das fette dunkelrote Fleisch des Wintersalms, der ein Jahr im Strom verweilte, ohne zu laichen, habe seinen Ruf begründet. Heute haben wir Chemie und Pharma von Basel bis Rotterdam. Und diese Industrie hilft nun wunderbar, die Lachse in den Aquakulturen gesund zu erhalten. Man unterscheidet Farming und Ranching. Beim Farming werden Junglachse aus Aufzuchtanlagen in Gehegen großgefüttert, vor allem in Norwegen, Schottland, Irland, Japan. Beim Ranching, an Amerikas Westküste, laichen die Lachse in Becken an den Ufern der Lachsflüsse. Ist die Brut aufgezogen, wird sie ins Meer entlassen. Die erwachsenen Tiere kehren dann in ihren Fluß zurück.

Die Grüne Soße

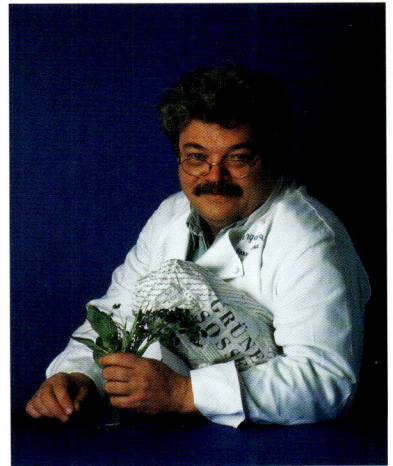

W arum heißt der Gründonnerstag so? Gaben ihm die grün geschmückten Büßergewänder am Dies viridium den Namen? Jedenfalls will es der Brauch, daß am Gründonnerstag grüne Speisen gegessen werden. Ob sich das von alten Frühlings- und Fruchtbarkeitsriten herleitet? Wie dem sei, die Frankfurter haben es leicht, sie haben die Grüne Soße. Goethes Leibgericht, wie gern behauptet wird, war sie aber wahrscheinlich nicht, denn in Frau Schlössers Kochbuch kommt sie nicht vor, was allerdings nur sagt: In Patrizierhäusern war Armeleuteküche nicht in Mode. Verbürgt ist die Grüne Soße erst seit der Mitte des vergangenen Jahrhunderts. Seitdem wird um das authentische Rezept gestritten. Hier, ex cathedra, das einzig richtige. Sieben heilige Kräuter müssen hinein: Petersilie, Kerbel, Borretsch, Pimpinelle, Kresse, Schnittlauch, Sauerampfer. Aus und basta! Auf keinen Fall Dill, Estragon oder gar Basilikum. Die würden den Geschmack übertönen. Auch niemals Knoblauch, Zwiebel oder Gewürzgurke.

Die Kräuter waschen, abtropfen und ganz fein hacken. Das Gelbe von 4 hartgekochten Eiern mit einem Eßlöffel Senf zerdrücken und mit 1 dl Haselnußöl wie eine Mayonnaise aufschlagen, 3 dl Schmand, oder auch mehr, unterrühren (Schmand ist eine kräftige saure Sahne). Die Kräuter dazugeben. Mit Salz, Pfeffer und Zitronensaft abschmecken. Manche geben noch das gehackte Eiweiß hinein. Am besten schmecken Pellkartoffeln zur Grünen Soße. Und pochierter Fisch oder gekochtes Rindfleisch. In der feinen Variante heißt das Boeuf à la ficelle, an der Schnur: Ein schönes Stück Rinds- oder Kalbsfilet mit einem Küchenfaden wie einen Rollbraten fest zusammenbinden und in einer kräftig gewürzten Bouillon zwei Minuten kochen, dann eine Viertelstunde ziehen lassen. Mit Frühlingsgemüsen und Grüner Soße ein Festtagsgericht.

Die sieben Kräuter zur Grünen Soße: **Petersilie**, *Petroselinum crispum,* würzt und dekoriert warme und kalte Speisen. Es gibt die krause, die feinblättrige und die besonders aromatische glattblättrige Art. Die krause

Sollten Sie die italienische Küche lieben, kennen Sie Pesto und das Rezept. Und wenn Sie das nächstemal Spaghetti mit Pesto servieren, denken Sie daran, auch gekochte Stücke grüner Bohnen und Kartoffelwürfel unterzumischen, denn so ist es original. Grüne Soße gibt es in Italien als Salsa verde alla genovese: 2 Bund glatte Petersilie, 1 Bund Basilikum, 4 Knoblauchzehen, 5 Sardellenfilets, 50 g Pinienkerne und ein kleines Glas Kapern mit 5 dl Olivenöl, Salz und Pfeffer im Mörser oder Mixer pürieren. Die Piemonteser Variante heißt Bagnèt verd: 2 Bund Petersilie, 4 Knoblauchzehen, 4 harte Eigelb, 4 Sardellenfilets, 2 Eßlöffel eingelegten Thunfisch, 2 Eßlöffel Kapern und 150 g Weißbrotkrumen, von einem Schuß Weißweinessig angefeuchtet, mit 2 dl Olivenöl und Salz pürieren. Beide Soßen begleiten den Bollito misto, der aus verschiedenen Sorten von gekochtem Fleisch besteht.

Und sollten Sie auf den Kanarischen Inseln der Mojo verde begegnet sein, hier das Rezept, das mir Señora Esther überlassen hat: 5 grüne, spitze Paprika, die etwas Schärfe haben sollen, 5 Knoblauchzehen, 1 Bund frischen Koriander und 1 Bund glatte Petersilie mit Olivenöl, Kreuzkümmel, Salz und Pfeffer fein mahlen und einige Stunden durchziehen lassen. Paßt zu Fisch, Fleisch und Kartoffeln.

kommt in die Grüne Soße. Petersilie gilt seit alten Zeiten als Heilkraut, verdauungsfördernd. **Schnittlauch**, *Allium schoenoprasum,* wird frisch geschnitten verwendet, damit der scharfe Geschmack bewahrt bleibt. Ebenfalls reich an Vitaminen und Mineralien. Der **Kerbel**, *Anthriscus cerefolium*, hebt mit dem zarten Anisduft in seinen feingefiederten Blättern das Aroma von Suppen, Soßen und Salaten. Die jungen Blätter der **Gartenkresse**, *Lepidium sativum*, auch Pfefferkraut genannt, sind gut im Salat, zu Quark und zum Fleisch. Auch die **Pimpinelle**, *Pimpinella sanguisorba*, eignet sich für Salate und Kräutersoßen. Die behaarten Blätter des Gurkenkrauts, **Borretsch**, *Borago officinalis*, würzen Salate, Suppen und Quark; die Blüten, meist blau, sind dekorativ und eßbar. **Sauerampfer**, *Rumex acetosa*, schmeckt nach unreifen Äpfeln. Er ersetzt in der Grünen Soße den Essig. Auch er regt den Stoffwechsel an.

A ls Kind vergoß ich einmal im Jahr heiße Tränen. Da kam der Metzger, um die Zicklein zu schlachten, die in den Wochen zuvor mit uns wie junge Hunde gespielt hatten. Stand aber am Ostersonntag der Braten auf dem Tisch, waren die Tränen getrocknet. Es war auch nicht mehr zu erkennen, ob man Max auf dem Teller hatte oder Moritz. Später wurden die Ziegen abgeschafft, und auch das Lammfleisch verschwand vom deutschen Speisezettel, bis in den sechziger Jahren die Gastarbeiter aus dem Süden kamen. Das erste Milchlamm aß ich wieder mit griechischen Hirten auf Kreta. Es war im Ganzen am Spieß gebraten und nur mit Salz, Olivenöl, Zitrone und wilden Kräutern gewürzt. Es schmeckte wunderbar. Nur an eines konnte ich mich nie gewöhnen: wenn man als Ehrengast ein Auge in den Mund gesteckt bekam.

Fürs Osterlamm zu Hause besorgen Sie sich Fleisch von Tieren, die nicht älter als drei Monate geworden sind. Das muß man meist vorbestellen. Ideal für zwei Personen ist eine Milchlammschulter. Mit Salz, Pfeffer und etwas Zitronensaft einreiben, in Olivenöl anbraten, Röstgemüse (Zwiebeln, Knoblauch, Karotten, Sellerie) kleingehackt mitbraten, 2 Eßlöffel Tomatenmark und 2 frische Tomaten mit anschwitzen, eine halbe Flasche Rotwein und 3 dl Hühnerbrühe angießen und für ein Stündchen bei 180 Grad in den Ofen schieben. Ab und zu mit dem Fond begießen. Ist die Schulter gar, den Bratensatz mit Rotwein ablöschen, durch ein Sieb gießen, entfetten und einkochen. Den Braten mit einer Mischung aus 2 Löffeln Honig, etwas Zitronensaft und einem halben Löffel Harissa (scharfe marokkanische Gewürzpaste aus Koriander, Kreuzkümmel und Chilis) einreiben oder bepinseln. Nochmal für drei bis fünf Minuten in den Ofen. Knusprig werden lassen. Dazu ein warmes Pittabrot. Oder Rosmarinkartoffeln. Und ein leichter Chianti oder ein deutscher Roter von Heger oder Fürst.

Sind drei oder vier Personen am Tisch, kann man die Schulter füllen. Vom Metzger die Knochen auslösen lassen. Für die Füllung ein halbes Pfund Lammhackfleisch mit 2 gehackten Zwiebeln, 1 Knoblauchzehe in Öl anbraten, 120 g Reis dazugeben und glasig werden lassen. Mit einem Löffel Harissa und Salz würzen, 3 dl Hühnerbrühe aufgießen und kochen, bis die Flüssigkeit aufgesogen ist. Abkühlen lassen, dann Mandeln, Pinienkerne, Sultaninen, Stücke von getrockneten Aprikosen

Zu Ostern das Lamm

35

Sollten Sie während der Osterzeit in Griechenland sein, müssen Sie unbedingt Lammragout mit Ei-Zitronensoße (arni avgolemono) probieren. Und wenn Sie ein mutiger Esser sind, bestellen Sie eine Mageiritsa. Diese zum Ende der Fastenzeit servierte Suppe enthält alle Innereien des Osterlamms und ist mit frischem Dill und Minze abgeschmeckt, mit Ei und ordentlich Zitronensaft gebunden. Und sollten Sie in Marrakesch zum Mechoui, dem Lamm am Spieß, eingeladen werden, nur die reine rechte Hand benutzen, für Frauen und Kinder etwas übriglassen. Und steckt Ihnen der Gastgeber das Auge in den Mund, dann heißt es schlucken.

und zur Bindung ein Ei untermischen. Als Rollbraten binden und wie oben beschrieben garen. Die Füllung ist zugleich die Beilage und mit einem Salat von wilden Kräutern ist das fast ein Pessachlamm. Dazu paßt ein Château Musar aus dem Libanon.

Noch ein Rezept für Rotweinfreunde. Eine Milchlammkeule hohl entbeinen, bis auf den Haxenknochen. 5 Knoblauchzehen, 5 Schalotten, 2 Löffel abgezupfte Blättchen vom Zitronenthymian, 100 g Pinienkerne, 100 g Weißbrotbrösel mit Olivenöl und dem Saft einer Zitrone im Mörser oder Mixer zu einer Paste verarbeiten. Einen Teil der Paste in den Hohlraum füllen, wo der Knochen saß. Die Keule in Form binden, würzen und in Öl kräftig anbraten. Für 20 Minuten bei 200 Grad in den Ofen schieben. Etwas abkühlen lassen. Mit Eiweiß bepinseln und die restliche Paste rundum festdrücken. Nun noch eine knappe Viertelstunde bei 160 Grad knusprig braten. Dazu gibt es fritierte junge Artischocken, grünen Spargel und Aioli. Der Wein könnte ein roter Bandol aus der Provence oder ein guter Chianti sein.

Lamm nennt man das Jungtier von Schaf und Ziege bis zu einem Alter von einem Jahr. Schon vor zehntausend Jahren scheint das Lammfleisch, wie prähistorische Funde belegen, dem der ausgewachsenen Tiere vorgezogen worden zu sein. Jede Kultur kennt ihre besonders delikate Rasse. Die einen schwören auf das Aroma der Berglämmer und Zicklein, die sich von wildem Thymian und Oregano genährt haben, auf Kreta, Sardinien oder bei Sisteron in der Provence. Den anderen geht nichts über das Présalé-Lamm, das auf den Salzwiesen an den Küsten der Bretagne, Irlands oder Frieslands weidet. Das in Italien und Griechenland besonders begehrte Osterlamm ist zwei Monate alt und wiegt zehn Kilo. Es hat nur Milch getrunken; wir empfinden dieses Fleisch allerdings als fad. So jung mag ich aber die Ziegenlämmer. Doch das Lamm vom Schaf sollte auch schon Gras gefressen haben, also knapp drei Monate alt sein und zwölf bis fünfzehn Kilo schwer.

Im Kochbuch Hannelore Kohls blätternd, finde ich gefüllten Kohlkopf als erstes Gericht. Dann die üblichen CMA-Rezepte, wie sie in den Metzgereien ausliegen. Ein Rezept für Kaninchen, das gern den Kohl frißt, kommt nicht vor, obwohl der Stallhase, nicht nur im Ruhrgebiet, über Jahrzehnte der Sonntagsbraten war.

Für unser Rezept wählen wir keinen Riesenrammler, sondern ein noch junges Tier. Für zwei zu viel, für drei zu wenig. Denn da gibt es zwei fleischige Keulen, aber am Rücken und an den Läufen ist nicht viel dran. Deshalb zunächst ein Vorgericht: Rucolablätter waschen, putzen und mit Kirschtomaten auf Tellern anrichten. Mit einer Vinaigrette aus Olivenöl, Nußöl, Rotweinessig und Balsamico beträufeln. Die Rückenfilets mit Salz, Pfeffer und frischem Thymian würzen und in Öl anbraten. Die Leber und Nierchen mit anrösten und mit einem Schuß Brandy und altem Balsamessig ablöschen. Leber und Filets aufschneiden, Nieren halbieren, auf den Salat setzen und mit dem Bratfond überglänzen.

Und nun die Hauptsache: Hals, Bauchlappen und Rückenknochen kleinhacken, mit Zwiebel, Knoblauch, Thymian, Suppengrün und einem Löffel Tomatenmark in Öl kräftig anrösten und mit je einem halben Liter Weißwein und Wasser aufgießen. Eine Stunde einköcheln und den Fond durch ein feines Sieb gießen. Die Keulen und Läufe in einem Bräter in Olivenöl rundum leicht anrösten, kleine Champignonköpfe, Perlzwiebeln, Karottenwürfel und Scheibchen von Stangensellerie dazugeben, mit einem Schuß Agretto di Vin santo und einem Viertelliter Vin santo ablöschen und mit dem Fond auffüllen. Mit einem Deckel verschlossen bei kleiner Hitze, nicht mehr als 130 Grad, etwa eine Stunde schmoren. Vor dem Servieren noch eine Handvoll in Vin Santo eingeweichter Rosinen zugeben. Als Beilage nur Weißbrot oder gebratene Polentascheiben. Der Wein kann ein Vernaccia sein oder auch ein kräftiger Weißburgunder von der Nahe.

Und bleibt vom Kaninchenfleisch ein Rest, legen Sie es ein wie meine Freundin Claudia Verro vom Restaurant La Contea in Neive. Das Fleisch mit frischen Salbeiblättern und Knoblauchscheiben in reichlich Olio vergine legen und ein paar Tage durchziehen lassen. Mit Brot oder einem kleinen Salat ein klassischer piemontesischer Imbiß.

Da nun schon eine Flasche Vin santo geöffnet ist, noch ein Vorschlag

Kaninchen in Vin santo

Kaninchen in Vin Santo

fürs Dessert. Den Boden einer Schüssel mit zerbröselten Cantucci bedecken und ordentlich mit Vin santo durchfeuchten. Darauf in Zucker
und Zitronensaft marinierte Erdbeeren setzen und das Ganze mit einer
Zabaione überziehen. Dazu 4 ganz frische Eigelb mit 4 Löffelchen
Zucker weiß schlagen und dann über einem Wasserbad ein Glas Vin
santo in kleinen Portionen zugeben, dabei ständig weiterschlagen.

❧

Das **Hauskaninchen** ist die domestizierte Form des europäischen Wild-
kaninchens, *Oryctolagus cuniculus,* das wohl schon im Altertum von der
Iberischen Halbinsel zu uns kam. Es gehört zur Familie der Hasen, *Le-
poridae,* ist aber nur halb so groß, hat kürzere Löffel und weißes Fleisch.
Heute bevölkert der Stallhase mehr die Kinderzimmer, und in den Ver-
einen wird er als Belgischer Riese oder Deutscher Widder für Schön-
heitskonkurrenzen gezüchtet. Aber: Das junge Mastkaninchen liefert
ein hervorragendes Fleisch, fettarm, leicht verdaulich, mit wenig Cho-

lesterin. Das weiße Fleisch ist so zart, daß es in der klassischen Küche zu den Geflügeln gerechnet wird. Es darf allerdings nur bei sanfter Hitze schmoren. – **Vin santo**, eine toskanische Spezialität, ist ein Dessertwein, den Sie vielleicht aus dem Urlaub kennen, weil Sie da Cantucci, das Mandelgebäck, in Vin santo gestippt haben. Die Trauben, meist von den weißen Rebsorten Malvasia und Trebbiano, werden auf Strohmatten getrocknet, dann gepreßt und in Fässern unterm Dach ausgebaut. Die Gärung wird durch eine Vin-santo-Mutter in Gang gesetzt. Vin santo hat einen Alkoholgehalt von etwa 15 Prozent. Feinste Qualitäten erzeugen Avignonesi, Isola e Olena oder die Fattoria Montevertine, die sogar einen trockenen Vin santo und einen Essig herstellen, Agretto di Vin santo.

Sollte Frau Kohl in diesem Buch blättern, sei ihr das Rezept des Oppositionsführers Joschka Fischer für Crème Caramel verraten, ein Rezept für sechs Portionen, aber bei des Kanzlers Leidenschaft für Karamelpudding dürfte da kein Problem entstehen. 450 ml Milch zum Sieden bringen und das Mark von 2 Vanilleschoten dazugeben, ziehen lassen. In einer Kasserolle 100 g Zucker mit einem Löffel Wasser erhitzen, bis der Zucker schäumt und karamelisiert. Den Karamel in sechs Dessertförmchen gießen. 120 g Zucker mit 2 Eiern und 4 Eigelb aufschlagen und nach und nach die Vanillemilch zugießen. Auf die sechs Förmchen verteilen. Im Wasserbad in der Röhre 45 Minuten bei 170 Grad pochieren. Gut durchkühlen lassen. Auf kleine Teller stürzen. Und solange nur die Crème gestürzt wird, nicht der Kanzler, guten Appetit!

Blackened Tuna

Mein erster Thunfisch kam aus der Dose – ein Geschenk amerikanischer Soldaten, die mit meinem Vater an der Zonengrenze Streife fuhren. Auch der zweite. Ob als Beigabe auf Salaten oder auf der Pizza, Begeisterung lösten die trockenen Stücke bei mir nie aus. Auch als ich später in Sizilien und Galicien die riesigen Fische mit ihrem dunkelroten Fleisch auf den Märkten sah und dann im Restaurant Thunfischsteak bestellte, meist von Tomatensoße begleitet, änderte ich meine Meinung nicht. Erst als mich die Neugier in ein japanisches Restaurant zog, merkte ich, wie Thunfisch, der dort Maguro oder auch Toro heißt, schmecken kann. Roh, als Sashimi, zart auf der Zunge zerschmelzend. Ich war bekehrt und nur vom Preis geschockt.

Gebraten probierte ich Thunfisch wieder in Kalifornien. Dort tobte gerade die Blackened Mode, ausgelöst von Paul Prudhomme, dem legendären Cajun-Koch aus New Orleans. Die Fischsteaks, kohlrabenschwarz gebrutzelt, schmeckten manchmal. Nur einmal waren sie wirklich gut: In Jake's Famous Crawfish in Portland war wohl ein japanischer Koch am Werk. Der Tuna hatte Kruste und war innen roh. Die Abwechslung zum Sashimi war gefunden.

Heute stelle ich meinen Blackened Tuna folgendermaßen her. Aus einem Thunfischmittelstück von 25 cm Länge fünf Filets schneiden, bis 6 cm stark. Längs, nicht quer zur Faser schneiden. Die Filets haben die Form dicker Würste. Leicht salzen und mit Ingwersaft einreiben. Dann in einer Gewürzmischung aus schwarzem und weißem Pfeffer, gemahlenem Chili, Koriander, Kreuzkümmel, fein zerriebenem Ingwer und Knoblauch gut wälzen. Gewürze festdrücken und die Stücke einzeln in einer Eisenpfanne in zum Rauchpunkt erhitztem Öl nur eine Sekunde lang auf jeder Seite braten. Am besten einfach durch das heiße Öl rollen. Die Filets in 3 cm dicke Scheiben schneiden. Mit einer Messerspitze Wasabe würzen (das ist höllisch scharfer japanischer grüner Meerrettich). Mit Gari, eingelegtem japanischem Ingwer, und hauchdünn geschnittenem eingelegtem japanischem Rettich servieren. Auch frisch geriebener Rettich schmeckt dazu.

Beim Einkauf des Thunfischs sollten Sie darauf achten, daß Sie kein Schwanzstück erwischen. Da befinden sich viele störende Sehnen. Wenn Sie beim Filetieren sehnige Reste haben, schaben Sie das Fleisch von den weißen Sehnen und hacken es zu Tatar. Gewürzt mit geriebenem Ingwer, zerdrücktem Knoblauch, etwas japanischer Sojasoße, gehackten frischen Chilis und Frühlingszwiebeln eine exotische, aber süchtig machende Vorspeise.

Und bereiten Sie sich wieder ein Thunfischsteak, dann nur kurz von beiden Seiten rare bis medium braten. Mit einer lauwarmen Vinaigrette aus Olivenöl, Zitronensaft, Knoblauch, Tomatenstücken, Kapern, Blattpetersilie, Basilikum, Salz und grob zerdrücktem Pfeffer servieren. Schmeckt an heißen Tagen auch kalt.

❦

Der Thunfisch ist ein spindelförmiger Scombride, mäßig schlank, eine besonders große Makrele. Der Gewöhnliche oder Rote Thunfisch, *Thunnus thynnus*, ist in fast allen Meeren verbreitet. Dieser kraftvolle und gesellige Wanderfisch wird vier Meter lang und fünfhundert Kilo schwer. Er wird in Japan wegen seines dunkelroten Fleisches besonders geschätzt. Die Amerikaner nennen ihn blufin tuna. Neben dem Gelbflossenthunfisch der tropischen Meere, *Thunnus albacares*, sind bei uns vor allem die weißfleischigen Arten *Thunnus albalunga* und *Thynnus thunina* auf dem Markt, außerdem der kaum einen Meter lange Bonito. Die ökologisch saubere Form des Thunfischfangs ist das Angeln, dabei werden vor allem die Delphine geschützt. Im Mittelmeer, dessen Anrainer seit Homers Zeiten den Thunfisch schätzen und seine Wanderstraßen kennen, sperren die Fischer mit »Tonnaren« die Zugwege und ganze Buchten für den Fang ab. Doch liegen vor Trapani oder Gibraltar schon die japanischen Trawler, um den Fang zu sichten. Und manchmal fällt für den europäischen Markt etwas ab. In der Dose kommen die besten Qualitäten aus Sizilien: Wie bei den Japanern wird dort das teurere Fleisch vom Bauch verwendet.

Sollte Ihnen das Vitello tonnato in Ihrem Ristorante schon langweilig auf der Zunge sein, hier ein kleines Rezept aus dem Piemont, von Lidia Alcati, Ristorante Guido in Costigliole d'Asti. Aus abgetropftem Dosenfisch, etwa 200 g, bestem Olivenöl, einem Löffel Kapern und 3 Sardellenfilets im Mixer eine Mousse schlagen. Das Öl nach und nach zugeben, bis die Masse cremig ist, sich aber noch mit einem Löffel abstechen läßt. Zwei gelbe Paprikaschoten im Ofen bei 180 Grad 15 Minuten backen und herausnehmen, bevor die Haut bräunt. Zehn Minuten mit einem feuchten Tuch abgedeckt stehenlassen, danach läßt sich die Haut ganz leicht abziehen. Kerne und weiße Innenhäute entfernen und die noch lauwarmen Paprikafilets mit der Thunfischmousse servieren. Bei Guido sollten Sie auch mal Kalbfleisch probieren. Es wird mir ein Rätsel bleiben, warum solche Qualitäten bei hiesigen Metzgern nicht zu finden sind. Ein Hinweis: Guido serviert nur ein Menü, dafür bietet die Weinkarte eine atemraubende Auswahl.

Und sollten Sie sich im japanischen Restaurant an rohen Tuna wagen: Toro ist das Fleisch aus dem fetten Bauchstück. Struktur und Preis erinnern an Kobe-Beef. Es lohnt, Toro als Sashimi und als Sushi zu probieren. Sakamoto san, dem ich meinen Blackened Tuna vorsetzte, sagte, auch die japanische Küche kenne ein ähnliches Rezept, anders gewürzt, doch nehme man zum Braten selbstverständlich nur Thunfisch »einfacher« Qualität.

Morchel und Maikraut

❧

Beim Frühlingsspaziergang kann man in lichten Wäldern, auf ungedüngten Wiesen und sogar in Stadtparks die ersten Morcheln finden. Auf dem Markt gibt es sie jetzt aus dem Jura oder der Türkei. Getrocknet sind sie das ganze Jahr erhältlich. Für die folgenden Rezepte kann man zur Not getrocknete Morcheln einweichen, aber frische Pilze haben eine andere Textur, ein zarteres Aroma.

Und wenn getrocknete Morcheln den Saucen einen intensiveren Geschmack verleihen, so vermitteln sie doch das Gefühl, auf Leder oder Gummi zu kauen. Grund genug, einmal mit frischen Morcheln zu kochen. Beim Einkauf sollten Sie darauf achten, daß die Pilze trocken sind. Matschige Exemplare sind alt und verderben den Geschmack. Ob die Köpfe hell sind oder dunkelbraun, ist nicht so wichtig. Auch Spitz- und Speisemorchel unterscheiden sich im Geschmack nicht wesentlich. Zunächst gilt es, die Pilze ordentlich zu putzen. Die Stielansätze abschneiden, soweit sie verschmutzt sind. Kleine Morcheln ganz lassen, die größeren halbieren oder vierteln. Besonders schöne Pilze zum Füllen reservieren. Die Morcheln erst kurz vor der Zubereitung gut mit Wasser abbrausen. Gewiß verlieren Pilze beim Waschen an Aroma, aber Morcheln sind oft sehr sandig. Man rettet viel, wenn man sie sofort in der Salatschleuder und auf einem Tuch trocknet.

Die schlichteste Art, Morcheln zuzubereiten: Mit einer feingehackten Schalotte in 2 bis 3 Eßlöffeln Butter drei Minuten braten, salzen, pfeffern und noch ein paar Minuten ziehen lassen. Etwas üppiger: Mit einem Schuß Armagnac, altem Sherry oder Vin jaune aus dem Jura und mit Geflügelfond ablöschen, mit süßem Rahm einköcheln. Dazu ein paar gekochte Spargelstücke: ein herrliches Frühlingsragout.

Haben Sie größere Mengen Morcheln, die Sie nicht trocknen wollen, sondern in den nächsten Tagen verzehren, dann schwitzen Sie die Pilze in Butter an, löschen mit Sherry ab und gießen kochende klare Geflügelessenz an. Die Morcheln darin vier Minuten ziehen lassen, in ein Glas füllen und mit kochendem Pochierfond bedecken. Gut verschlossen sind die Pilze im Kühlschrank einige Tage haltbar und bereit zur Weiterverarbeitung.

Nebenher ist eine wunderbare Morchelessenz entstanden. In dieser klaren Suppe serviere ich die großen Morcheln, gefüllt mit einer Geflügel-

Sollten Sie auf Ihrem Spaziergang keine Morcheln finden, erschnuppern Sie vielleicht den ersten Waldmeister. Er wird auch Maikraut genannt. Die lanzettförmigen Blätter und die kleinen weißen Blüten enthalten den Wirkstoff Cumarin, der sofort die Erinnerung an Maienluft und Waldesgrün weckt, am stärksten vor der Blüte und bei schon welken Blättern. Einen Büschel Kraut zusammenbinden und an einem Faden in trockenen Weißwein hängen, damit die Stiele nicht in den Wein geraten. Mit Sekt aufgefüllt, ergibt das die klassische Maibowle, die ganz zu Unrecht aus der Mode gekommen ist. Leichter und herber ist die Version mit Apfelwein, aufgefüllt mit Mineralwasser.

Oder Sie bereiten für die ersten warmen Tage ein Waldmeistersorbet. Frische Blätter vom noch nicht aufgeblühten Waldmeister ganz feinhacken und drei Stunden in einem halben Liter trockenem Riesling ziehen lassen. Aus 120 g Zucker, dem Saft von 4 Zitronen und 1 dl Mineralwasser eine Zuckerlösung kochen und abkühlen lassen. Den Wein durch ein Sieb zur Zuckerlösung gießen und in die Eismaschine oder Sorbetière geben. Ein Eiweiß mit einem Löffel Zucker sehr steif schlagen und unter das Sorbet rühren. So man die Möglichkeit hat, mit einem Schuß Eau de vie d'asperule von Jean Paul Metté verfeinern. Das Sorbet solo oder mit marinierten Erdbeeren servieren.

Gänseleberfarce. Dafür 400 g Hühnerbrust und 100 g Gänsestopfleber in grobe Würfel geschnitten mit einem Glas Marc de Gewurztraminer, Salz, Pfeffer und gemahlener Muskatblüte marinieren. Zwei Scheiben entrindetes Toastbrot in Morchelsaft einweichen. Das Ganze gut gekühlt mit 1 dl Crème double und 1 Ei im Mixer zu einer homogenen Masse verarbeiten. Mit einem Löffel ein Probeklößchen abstechen, in kochender Brühe in drei Minuten gar ziehen lassen. Eventuell nachwürzen und die Masse mit einem Spritzbeutel in die Morchel geben. Die gefüllten Pilze vier Minuten in etwas Brühe pochieren und halbiert in der Morchelessenz servieren.

Ein Morchelragout, mit oder ohne Sahne, harmoniert mit Kalbfleisch, Bries, Huhn, aber auch mit Hummer, Krebsen, Langustinen. Dazu paßt ein kräftiger Gewürztraminer von Madame Faller oder ein Weißburgunder, der nicht trocken sein muß und ruhig schon Firne zeigen darf.

✳

Die **Morchel**, *Morchella esculenta*, ist ein wildwachsender Schlauchpilz. Man erkennt sie an dem eiförmigen, schwammähnlichen Hut. Der Stiel ist weiß und hohl, die wabenartige Kappe hellbeige über braun bis dunkelgrau. Morcheln wachsen bei uns zweimal im Jahr, im Frühling und im Herbst. Wir unterscheiden im wesentlichen drei Arten: die Gemeine Speisemorchel mit runder Kappe, die schlankere Spitzmorchel, die als besser gilt, und die im Gebirge wachsende Glockenmorchel. In verschiedenen Spielarten ist die Morchel auch in Asien und Nordamerika verbreitet. Getrocknet war die Morchel früher als Handelsartikel in Böhmen und Schlesien nicht ohne Bedeutung. Heute kommen frische und getrocknete Morcheln vor allem aus der Schweiz, aus dem französischen Jura, der Türkei und auch aus Kanada. Wer sucht, wird finden. Vielleicht ist es dann aber auch nur die verwandte Lorchel. Sie enthält die für viele Menschen giftige Helvellasäure und muß deswegen unbedingt abgekocht werden. Die Stinklorchel ist, wie der Name sagt, gar nicht bekömmlich.

44

Am ersten Maisonntag beginnt die Spargelsaison. Auch wenn der »Hering«, die Bibel der Verbandsköche, etwa vierzig Rezepte enthält und ich noch ein paar mehr kenne, es gibt eigentlich doch nur diese beiden Zubereitungsarten: warm mit Butter oder Hollandaise und warm oder kalt in Vinaigrette. Zwei Dinge habe ich früh gelernt. Die Köpfe sind das beste, und in der Saison schmeckt er auch täglich. Als ich den Spargeln, die für den Landrat bestimmt waren, die Köpfe abschnitt, bezog ich Prügel. Als ich später im Internat mitten im fränkischen Spargelgebiet saß, gab es Tag für Tag Spargel, drei Wochen lang. Morgens gestochen, mittags auf dem Tisch.

Das ist die erste Regel: Je frischer, desto besser. Ob Handelsklasse I oder II ist nicht so wichtig, das ist eher ein Schönheitspreis. Aber aus biologischem Anbau sollten die Spargel sein, denn viel Dünger stört den Geschmack. Mit leicht blau oder grün verfärbten Spitzen kann ich leben, sie intensivieren den Geschmack.

Wichtig ist, den Spargel gründlich zu schälen und das Ende abzuschneiden. Aus diesem Abfall in Wasser mit Salz, einer guten Prise Zukker, einem Stückchen Butter und einem kräftigen Schuß Weißwein in 15 Minuten eine Brühe kochen. In diesem Spargelfond die Stangen zehn Minuten dünsten, portionsweise gebunden, möglichst mit den Köpfen nach oben. Dabei soll die Brühe immer kochen. An den Köpfen prüfen, ob die Spargel gar sind. Nach dem Herausheben auf einem Tuch gut abtropfen, damit Butter oder Soße nicht verwässert werden. Ist die zerlassene Butter von guter Qualität und stehen neue Kartoffeln bereit, haben Sie das perfekte Spargelessen. Vielleicht braucht mancher noch eine Auswahl feiner Schinken dazu!

Noch ein Tip: Den Kochsud aufbewahren und tags darauf den nächsten Spargel darin kochen. Nach drei Runden ist dieser Fond die ideale Basis für eine Spargelsuppe, dann wird er bitter.

Und jetzt zum Spargel in Vinaigrette. Der Franke liebt seinen Spargelsalat, vorneweg allein oder von einer guten groben Bratwurst begleitet. Die Vinaigrette aus Sonnenblumenöl, Weißweinessig, Spargelfond und etwas Weißwein mit Salz, Pfeffer und Zucker abschmecken. Zwiebeln, Schalotten oder kräftige Kräuter gehören nicht hinein. Vor dem Servieren mit frischem Kerbel bestreuen. Oder probieren Sie folgendes: Die

Spargel warm oder kalt

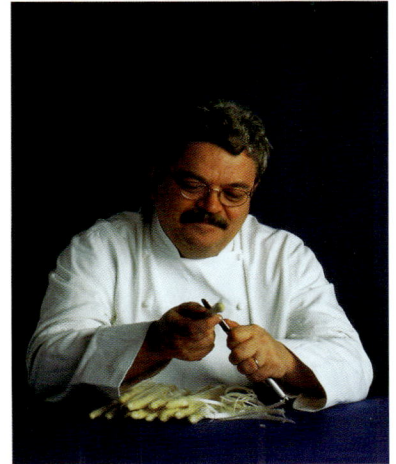

Sollten Sie ein Spargelmenü auch noch mit einem Dessert aus Spargel krönen wollen: Spargelspitzen etwas kürzer, also recht knackig, und ohne Salz kochen, noch warm, kleingeschnitten, in eine Läuterzuckerlösung einlegen. (Dafür 500 g Zucker mit 5 dl Wasser und Zitronensaft aufkochen und abkühlen lassen.) Die Spargelstücke etwa zwölf Stunden marinieren. Erdbeeren waschen und zerschneiden, mit Zitronensaft beträufeln und mit den abgetropften Spargeln vermischen. Nach Bedarf mit der Zuckerlösung süßen.

Wer mag, kann noch ein Eis von Grünen Spargelspitzen dazugeben. Hier ein Rezept nach Jacques Maximin aus dem Negresco in Nizza. Ein halbes Pfund Grüne Spargel in ungesalzenem Wasser weichkochen, in Eiswasser abschrecken, mixen und das Püree durch ein feines Sieb streichen. 3 dl Milch mit ¼ l Sahne aufkochen. 6 Eigelb mit 150 g Zucker verrühren und zur heißen Milch geben. Drei Minuten bei 85 Grad zur Rose abziehen und abgekühlt mit dem Spargelpüree vermischen. In der Eismaschine kaltrühren.

Der Wein zu solch einem Menü: Mit einem trockenen Kabinett von der Mosel beginnen, von Haag zum Beispiel, dann eine trockene ältere Spätlese aus dem Rheingau, von Künstler oder ein Geheimrat J, zum Schluß einen fruchtigen oder edelsüßen Riesling. Wenn sich dann erotische Gefühle einstellen, wissen Sie aber immer noch nicht, war es der Spargel, war es der Wein?

unteren Drittel der Spargel im Mixer pürieren, durch ein Sieb streichen und mit der Vinaigrette verrühren. Die Spargelspitzen damit übergießen. Dazu schmeckt eine Scheibe knusprig gebratene Kalbs- oder Entenleber.

Noch ein kleines Rezept für Tage, an denen Sie der Spargel überdrüssig zu sein glauben. Pro Person 4 gekochte Stangen in daumenlange Stücke schneiden. Spargelfond mit einem guten Schuß süßer Sahne einkochen und kalte Butterstücke mit dem Mixstab einschlagen. Die Stücke darin erhitzen, in Suppenteller geben und mit einem Löffel Sevruga-Kaviar bestreuen.

Der **Spargel**, *Asparagus officinalis,* gehört zu den Liliengewächsen und wird schon seit dem Altertum kultiviert. Plinius berichtet über den Anbau, Martial schätzt den wilden wie den kultivierten Spargel. Von Diokletian gibt es einen Erlaß gegen die Preisauswüchse. Am besten gedeiht der Spargel im sandigen Boden. Der weiße Spargel wird in Hügelbeeten gestochen, bevor die Köpfe ans Licht kommen. Die mühevolle Handarbeit erklärt den Preis. Stangen mit grünen oder violetten Köpfen waren kurz der Sonne ausgesetzt. Grüne Spargel wachsen auf flachen Beeten in vollem Licht. Eine Besonderheit sind die ganz violetten Albenga-Spargel, intensiv im Geschmack und sehr rar. Deutsche Spargel, ob aus Mörfelden, Schwetzingen, Volkach oder Braunschweig, sind frisch von höchster Qualität. Die Schnittstelle darf aber noch nicht eingetrocknet sein. Frische Stangen knistern, wenn sie aneinander reiben. Spargel enthält Vitamin B und Aspargin, das entwässernd wirkt. Aspargin in größeren Mengen soll ein Aphrodisiakum sein. Nach zwei, drei Pfund Spargeln meldet sich die Blase. Ob da nicht was verwechselt wurde?

46

Wenn mich die Eltern in der Klosterschule von Münsterschwarzach am Sonntag besuchten, ging es nach Volkach oder Sommerach zum Mittagessen. Am liebsten zu den Schwestern Schmitt, denn da gab es Waller, Hecht und Zander, damals noch aus dem Main. Auch später in Würzburg gönnte ich mir hin und wieder einen Zander in der Schiffbäuerin. Mit Kopf in Butterschmalz gebacken. Dazu ein lauwarmer Kartoffelsalat und ein gemischter grüner. Das schmeckt auch heute noch.

Den Zander schuppen, ausnehmen, die Kiemen entfernen und die scharfe Rückenflosse abschneiden. Damit er gleichmäßig gar wird, seitlich zweimal einschneiden, salzen, pfeffern, leicht mehlieren und in einer hochrandigen Pfanne in reichlich Butterschmalz goldbraun backen. Am besten schmeckt die Haut, der Kopf, doch heute soll der Fisch ja ohne Gräten sein.

Also gibt es Zanderfilet. Mit oder ohne Haut verträgt es zarte und auch kräftige Beikost. Ist das Filet ohne Haut, soll man es sanft in einer Butter-Öl-Mischung braten. Ich brate es am liebsten auf der geschuppten Haut mit ausgelassenem Frühstücksspeck. Dann verträgt der Zander auch ein Apfelwein-Rahmsauerkraut. Dafür feingeschnittene Zwiebeln und Äpfel in Schmalz angehen lassen, das Sauerkraut zugeben, durchrühren, Lorbeerblatt, Wacholderbeeren, Salz und Pfeffer dran, mit Fleischbrühe und Apfelwein aufgießen. Ist das Kraut gar und die Kochflüssigkeit verdunstet, mit süßem Rahm abschmecken. Das Zanderfilet mit dem gebratenen Speck belegt auf dem Rahmsauerkraut mit Salzkartoffeln servieren. Wer noch Sauce braucht, nehme einfach einen kräftigen Kalbsfond, mit etwas Majoran aromatisiert.

Oder Schalotten in Weißwein einkochen, rote gehäutete Paprika und 2 dl Fischfond dazu. Mit einem guten Schuß Sahne einkochen und mit Butterstücken aufmixen. Mit Salz, Pfeffer und Paprikapulver abschmecken. Oder kleine grüne Le-Puy-Linsen in Salzwasser al dente kochen, feingehackte Schalotten, Karotten, Sellerie, Lauch und Kartoffelwürfelchen in Butter andünsten, Linsen dazu und mit Kalbsfond und Brühe fertiggaren. Die Zanderfilets mit den Speckscheiben braten und auf dem Linsengemüse servieren. Dazu paßt eine kräftige Champagner-Senf-Sauce: 2 feingehackte Schalotten in 2 dl Champagner oder kräftigem

Zander
wie ihr wollt

———— ❦ ————

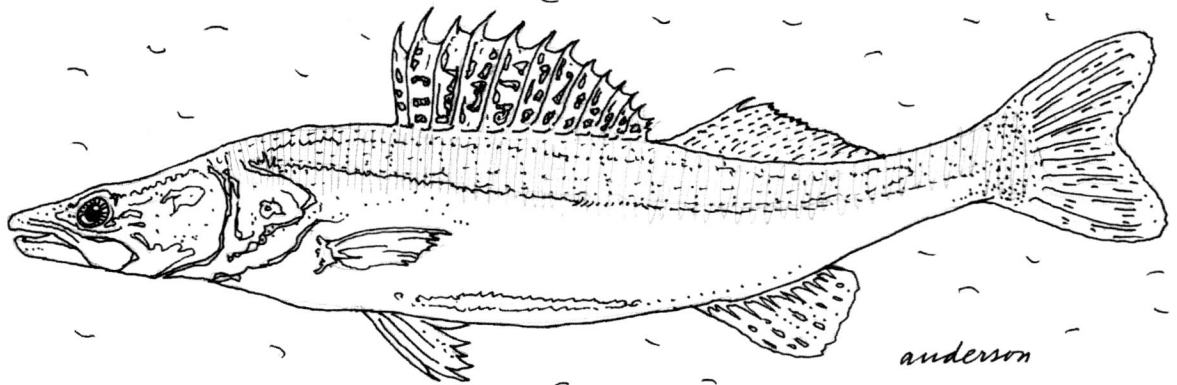

Weißwein einkochen, 2 Löffel groben Senf (von Pommery oder Moutarde de Meaux) und 1 dl Sahne zugeben und in diese Basis nach und nach 125 g kalte Butterstücke einmixen.

Wem das im Frühling zu schwer, der schäle ein paar Gartengurken, entferne mit einem Löffel die Kerne und schneide die Gurken in etwas dickere Scheiben. In Butter glasig dünsten, salzen, pfeffern, einen Schuß Ricard oder Pernod darüber. Mit frischem Dill bestreuen. Und wer noch extra Sauce mag, gebe eine Buttersoße mit viel Dill neben das Gemüse. Dazu trinke ich natürlich Frankenwein, Silvaner oder Riesling, doch schwimmt der Zander auch recht gut in einem Wein aus der Wachau oder dem Burgenland. Fontane, dem auch ein Bier als Roborans genügte, schrieb: »Der Fisch will trinken, gebt ihm was, daß er vor Durst nicht schreie!«

Der **Zander**, *Stizostedion lucioperca*, ein hechtähnlicher Räuber, ist einer der wertvollsten europäischen Süßwasserfische. Er wiegt zwischen einem und drei Kilogramm und wird siebzig Zentimeter lang. Ursprünglich lebte er in kühlen Flüssen und Seen Südschwedens, Ost- und Mitteleuropas und kam als *Stizostedion marina* in der Ostsee vor. Heute wird der Zander, oft neben Karpfen, als Nutzfisch in Teichen gehalten. Berühmt war der Zander des Plattensees, den man für eine eigene Art hielt und Fogosch nannte, während der Zander Österreichs sonst Schill heißt. Als elsässischer Sandre hielt er Einzug in die »neue Küche«. Beim Schuppen und Ausnehmen sollte man auf den Dorn am Kiemendeckel und die bösartigen Stacheln der Rückenflosse achten.

Sollten Sie jetzt die Mark Brandenburg um Neuruppin oder den Spreewald neu entdecken, hoffe ich für Sie, daß die Gastronomie dort die Tradition wieder hochhält: Zander, Hecht oder gar Schmerlen, auch Krebse! Fontane machte mir oft den Mund wässrig. Wer sich den ganzen Fontane nicht gönnen kann, im Aufbau-Verlag ist ein Büchlein erschienen: »Ich bin nicht für halbe Portionen. Essen und Trinken mit Theodor Fontane«. Auf Seite 94 ff. übrigens ein hinreißendes literarisches Rezept für Maibowle. Laßt uns also essen und trinken wie der Dichter: Gut, ausgiebig, unbehelligt.

Leipziger Allerlei mit Stubenküken

❧

Diesmal ist die Beilage die Hauptsache. Das Leipziger Allerlei war, bevor es zu einem Dosengemüse aus Möhren, Erbsen und Spargelenden verkam, ein Paradegericht bürgerlicher deutscher Küche. Wolf Uecker, glaube ich, rief einmal zur Herausgabe einer roten Liste zur Rettung der vom Aussterben bedrohten Gerichte auf, zu denen das Leipziger Allerlei gehört wie der Königsberger Klops, der Kalbsnierenbraten, Schweinepfeffer oder der Krautwickel. Zugegeben, hat man keine Köchin mehr im Haus, ist das Leipziger Allerlei eine aufwendige Angelegenheit. Die Mühe lohnt, wenn man für Freunde kocht. Die angegebenen Mengen reichen für 6 bis 8 Personen.

Je 100 g junges Frühlingsgemüse (Karotten, Zuckerschoten, Blumenkohlröschen, weiße Rübchen, Kohlrabi in kleinen Scheiben, weiße und grüne Spargelspitzen) in Salzwasser einzeln knackig kochen und in Eiswasser abschrecken. 200 g frische Morcheln waschen, abtropfen und in Butter anschwitzen. Mit Salz und Pfeffer würzen, ein Glas Sherry und 1 dl Kalbsfond angießen und 5 Minuten einköcheln lassen. Pro Person 4 Flußkrebse in stark kochendes Salzwasser mit etwas Kümmel werfen und nach 3 Minuten kalt abschrecken. Die Schwänze ausbrechen, schälen und den Darm entfernen. Für eine leichte Krebssauce die Schalen und Karkassen, ohne den Magensack, in Öl anrösten. Tomatenmark, Knoblauch, Thymian, ein paar Stücke vom Sellerie und von einer Karotte dazu und mit einem Viertel Weißwein und einem halben Liter Sahne aufgießen. Das Ganze 20 Minuten einköcheln lassen und durch ein Haarsieb passieren. In dieser Sauce die Gemüse, die Morcheln mit ihrem Saft und die Krebsschwänze warm machen. Das klassische Gericht enthielt als Garnitur noch die Krebsnasen, mit Geflügelfleisch gefüllt, Grießklößchen und Blätterteigfleurons. Solch ein Leipziger Allerlei schmeckt solo oder mit einem Kalbssteak.

Ich schlage für heute ein Stubenküken als Beilage vor. Das Küken innen und außen waschen, abtrocknen, salzen und pfeffern. Die Bauchhöhle mit Petersilie, Thymian, Schalotte und einer Knoblauchzehe füllen. In einem Bräter auf etwas gehacktes Suppengrün und Weißwein gesetzt und mit heißer Butter übergossen bei 180 Grad für 20 bis 30 Minuten in den Ofen schieben. Zwischendurch mit dem Bratfond begießen. Und wenn es dann doch noch Grießklößchen sein sollen: Einfach einen

Sollten Sie Rhabarber lieben, müssen Sie nicht zwangsläufig auch Engländer sein. Zwar kam er in England in Mode und wird dort auch noch als Gemüse verwendet, was er eigentlich ist. Auf der Insel kennt man Rhabarbersuppe, Rhabarbersauce zu Fisch, Rhabarberomelett, selbst Rhabarberwein. Es gibt aber auch herrliche Pies, Trifles und Konfitüren mit Rhabarber. Für die Konfitüre frische rote Stengel in Stücke schneiden und mit Zucker im Verhältnis 4 zu 3 mischen. Ziehen lassen. Nach frühestens 12 Stunden

Leipziger Allerlei mit Stubenküken

halben Liter Milch mit 75 g Butter aufkochen, salzen und 150 g Grieß langsam einrieseln lassen. Rühren bis der Grieß ausgequollen ist. Dann 2 Eier einrühren. Mit einem nassen Teelöffel Klößchen abstechen und im Gemüsekochwasser garziehen lassen. Dazu paßt wunderbar ein Riesling aus dem Elsaß, sogar ein kräftiger Gewürztraminer harmoniert.

den Saft abgießen und bis zum Gelier-punkt einkochen, die Stücke zugeben und 15 Minuten weiterkochen. In sterile Gläser füllen und verschließen. Wollen Sie sich wie in Sissinghurst fühlen, geben Sie zum Schluß noch rote Rosenblätter dazu.

Zum sofortigen Verzehr ist mein Rha-barber-Erdbeer-Kompott mit Ingwer bestimmt. 500 g Rhabarber waschen und schälen. Die Putzabfälle mit je einer Stange Vanille und Zimt in 3 dl Weißwein mit 200 g Zucker und den Schalen einer kleinen Ingwerknolle aufkochen und einige Minuten ziehen lassen. Durch ein Sieb abgießen. Den Fond mit dem in Scheiben geschnitte-nen Ingwer kräftig aufkochen, den Rhabarber in Stücken, etwa 2 cm lang, dazugeben und nur kurz aufwallen las-sen, damit er nicht verkocht. Die Erd-beeren, 400 g, in dicke Scheiben schneiden und in dem auskühlenden Kompott nur kurz marinieren.

Dazu paßt gut ein Vanillerahmeis. Eine Mischung aus 3 dl Sahne und 2 dl Milch mit dem Mark von 3 Vanille-stangen aufkochen. 3 Eigelb und ein Ei mit 60 g Zucker schaumig schlagen und unter die Sahnemilchmischung rühren. Auf schwachem Feuer zur Rose abziehen, das heißt nur soweit erhitzen, bis die Masse sich zu ver-dicken beginnt. Nicht kochen! Einen Schuß Rum einrühren und in der Eis-maschine gefrieren lassen. Das sollte auch dem Gärtner munden, wenn er abends mit müdem Rücken auf der Terrasse den Riesling trinkt. Und wenn dann Glühwürmchen und die Chur-chill um die Wette leuchten, sollte er beschließen, fürs nächste Jahr ein Eck-chen für den Rhabarber zu reservieren, ganz wie in Sissinghurst.

Stubenküken waren ursprünglich eine Hamburger Spezialität. Heute wird es als Coquelet oder Poussin de Hambourg auch in Frankreich an-geboten. Manche behaupten, es seien zuerst die Elbfischer gewesen, die in ihrer Stube unter der Bank Hühnchen aufgezogen haben. Alfred Walterspiel berichtet, daß sie zur Rasse der Hamburger Silber- oder Gold-brackel gehörten und mit einer besonderen Futtermischung in verdun-kelten Räumen gemästet wurden. Auch Meister Elsholtz erwähnt schon 1682 die besonders zarten »Kücklein«. Sie sind in der Regel 6 bis 8 Wo-chen alt und zwischen 400 und 600 g schwer, gerade recht für eine Per-son. Für das obige Rezept können Sie natürlich auch ein etwas größeres Huhn verwenden. – Den **Rhabarber**, *Rheum ondulatum*, kannte der Magister Elsholtz noch nicht. Erst Ende des vergangenen Jahrhunderts kam der Rhabarber als englische Absonderlichkeit in unsere Gärten und auch auf den Tisch. Der Unterschied zwischen grün- und rotflei-schigen Sorten ist eher ein optischer. Beide enthalten neben Vitamin C ordentlich Apfel- und Oxalsäure.

Die Jagd ist wieder auf, um den Maibock ist's geschehen. Gegner der Jagd sollten ein Bockbier trinken. Rehrücken, Keule, auch Ragout gehören zu den wenigen typisch deutschen Gerichten. Selbst Adorno stellt in den »Minima Moralia« wehmütig fest, daß in der Emigration jeder Rehbraten schmeckt, als sei er vom Freischütz selbst erlegt. Dies soll kein Aufruf zum Wildern sein.

Und auch wenn Ihre Sympathie dem Jennerwein gilt, kaufen Sie einen frischen Rehrücken bei einem guten Wildhändler oder befreundeten Jäger. Ich mariniere einen solchen Rücken nicht. Es muß weder ein Hautgout überdeckt noch ein wildspezifischer Geschmack intensiviert werden. Schwieriger ist die Entscheidung, ob man den Rücken auslöst oder am Knochen brät. Hat man genügend Knochen, Sehnen und Häute (Parüren heißt das bei den Köchen) und sind es vier Esser, rate ich zu Letzterem. Das Fleisch bleibt auch dem Ungeübten saftiger und es schmeckt einfach besser.

Für den Tellerservice, oder ist man nur zu zweit, löst man die Rückenstränge aus und löst Haut und Sehnen säuberlich ab. Die kleingehackten Knochen und Parüren in Öl scharf anbraten, eine Zwiebel, einen Bund Suppengrün und einen Löffel Tomatenmark mit anrösten. Pfefferkörner, Thymian, ein Lorbeerblatt, ein paar Wacholderbeeren, etwas Piment und Muskatblüte drangeben, mit einem kräftigen Schuß Rotwein ablöschen und mit Wasser auffüllen. Den Fond einkochen, durchs feine Sieb abgießen, entfetten. Holundersaft, den gibt es als ungezukkerten Muttersaft in Reformhäusern, mit Zucker einkochen. 1 dl dieses Sirups mit 5 dl Rehfond köcheln. Fertig ist die Sauce zum Maibock. Die ausgelösten Rückenstränge am Stück oder als Medaillons salzen, pfeffern und in Öl sehr heiß rundum anbraten, 5 Minuten im 150 Grad heißen Ofen nachziehen lassen.

Wenn Sie den Rücken im Ganzen zubereiten, Häute und Sehnen sauber entfernen, die unten sitzenden echten Filets auslösen (die werden sonst trocken) und extra braten. Den gewürzten Rücken auf der Fleischseite gut anbraten und, mit Fond begossen, im Ofen bei 150 Grad 15 bis 20 Minuten, je nach Stärke des Rückens, fertig garen.

Noch zwei Streitpunkte kurz gestreift. Ich spicke nicht. Ich will Reh schmecken, nicht Speck. Mit Sorgfalt bereitet, bleibt es saftig. Und ob

Maibock und Holunder

Sollten Sie als Jäger nicht getroffen haben oder das Privileg des bewaffneten Spaziergangs nicht besitzen, sammeln Sie an einem sonnigen Maientag Holunderblüten. Aber achten Sie darauf, daß der Busch nicht von Läusen befallen ist. Die voll erblühten Dolden mit Stengel abschneiden. Zu Hause einen Backteig aus 500 g Mehl, 10 cl Öl oder zerlassener Butter, 2 Eigelb, 1 dl Bier und 5 dl Mineralwasser rühren und ausquellen lassen. Das Eiweiß zu Schnee schlagen und unterziehen. Die Dolden in den Teig tauchen und in Fett oder Öl ausbacken. Mit Puderzucker bestreut, ein schlichtes fränkisches Dessert. Dazu gibt es unseren Holundersirup als Sauce und ein Sorbet von Holunderblütenwein. Aus 3 dl Wasser, 150 g Zucker und Zitronensaft eine Lösung kochen und über ein Dutzend Blütendolden gießen. Mit 6 dl Weißwein auffüllen und einige Stunden ziehen lassen. Absieben und in der Eismaschine gefrieren. Der Blütensud mit Sekt im Verhältnis 1:6 ist auch ein witziger Aperitif. Doch Vorsicht, wenn es allzu sehr schmeckt! Zu viel davon wirkt abführend, was schon der Römer Plinius im 24. Buch seiner »Naturalis Historiae« berichtet.

roh, rosig oder durchgebraten, wie die Deutsche Gesellschaft für Ernährung rät – es soll noch rosig sein, medium, dann waren es im Brateninneren 80 Grad. Gefahr für die Gesundheit besteht bei mehrfach eingefrorenem Fleisch, was bei manchem Wild aus Kühlregalen nicht auszuschließen ist. Das brauchen Sie erst gar nicht zu braten. Lieber mit Bedacht und ein paar Mark mehr den Festtagsbraten eingekauft.

Als Beikost gibt es in Butter gebratene Champignons oder andere Pilze, die schon auf dem Markt sind, und ein Gratin von Birnen und Kartoffeln. Eine gebutterte Auflaufform mit dünnen, rohen Kartoffelscheiben auslegen, mit Salz, Pfeffer, einer Spur Muskat würzen. Dann eine Lage feiner Birnenscheibchen darauf, danach wieder Kartoffeln, dreimal im Wechsel, obenauf wieder Kartoffeln. Mit Sahne begießen und backen, bis die Kartoffeln gar sind.

Etwas aufwendiger wären die Erdäpfelküchla der Oma Trebes. Für die brauchen wir 500 g mehlige Kartoffeln. Schälen, in Salzwasser kochen, durch die Kartoffelpresse drücken. 1 dl heiße Milch und 3 Löffel Kartoffelstärke zugeben, nach und nach 3 Eier, 3 Eiweiß und einen guten Löffel dicken Rahm unterrühren. In einer Pfanne in Butterschmalz kleine Küchla von beiden Seiten backen. Das schmeckte uns Kindern auch mit Kräuterquark oder Marmelade.

Zum Maibock mit Holundersauce paßt gut ein Roter aus Württemberg oder vom Kaiserstuhl. Doch darf es auch ein reifer Pomerol, ein St. Emilion oder ein Brunello sein.

※

Maibock nennt man die männlichen Jährlinge beim Rehwild, *Capreolus capreolus,* die von Anfang Mai an bejagt werden. Rehe sind die kleinste europäische Hirschart, bis nach Sibirien verbreitet. Das dunkelrote Fleisch der Jährlinge ist zartfaserig und von feinem Aroma. Der Rücken gilt als das edelste Stück. Die Keulen geben prächtige Braten, Hals und Blatt hervorragende Ragouts. Als besondere Delikatessen gelten Herz, Leber und die Zunge. – Der schwarze **Holunder**, *Sambucus nigra,* auch Flieder oder Holler genannt, ist ein weit verbreiteter Strauch oder Baum von zwei bis sieben Metern Höhe. Die weißen, doldenartigen Blütenstände sind eßbar. Mit heißem Essig-Zucker-Wasser übergossen und mit Sprudel aufgefüllt, entstand aus Holunderblüten die Limonade meiner Kindheit. Der Großvater stellte Hollersekt her, gefährlich nicht wegen des Alkohols, sondern ob der unversehenen Explosion der Flaschen. Im Weinbau wurde früher mit Holunder geschwindelt, vor allem nach der Reblauskatastrophe. Die blauschwarzen Beeren sind Steinfrüchte und lassen sich zu Saft, Gelee und Fruchtwein verarbeiten. Heißer Holundersaft ist ein bewährtes Hausmittel gegen Erkältung.

Makrele mit Stachelbeeren?

✳

Dies sei so ein typisch englisches Gericht, hörte ich. Nein, keine nouvelle cuisine à l'anglaise, ein Traditionsrezept. In England war ich nie darauf gestoßen. Vielleicht war ich zu selten da, die Stachelbeeren gerade nicht reif. Ist es gar ein englisches Dessert? Ich blättere im Garten- und Einmachbuch einer amerikanischen Autorin.

Tatsächlich, zwischen Stachelbeere mit Holunderblüten und Weintrauben in Traubensaft ein Rezept für gegrillte Makrelen mit Stachelbeeren: »In der klassischen französischen Küche werden gegrillte Makrelen häufig mit den säuerlichen Stachelbeeren gereicht, die auf französisch groseilles à maquereau (Makrelen-Johannisbeeren) heißen«. Ich kannte nur die groseilles vertes, schlage nach, und es gibt die Bezeichnung maquereau. Das Rezept sieht vor, ausgenommene Makrelen, mit Salz und Pfeffer gewürzt, 10 Minuten auf jeder Seite zu braten oder zu grillen, einige Stachelbeeren mitzugrillen und folgende Sauce dazu zu reichen. Eine halbe Tasse Stachelbeersirup stark einkochen, einen Löffel Senfpulver und eine Tasse Sahne dazugeben und weiter reduzieren. Mit Petersilie, Salz und Pfeffer abschmecken.

Mir kommt das Ganze sehr englisch vor. Oder kennt jemand französisches Senfpulver? Nachtrag: Im Kochbuch das Pariser Fischpapstes Jacques Le Divellec entdecke ich ein Rezept Maquereaux à l'anglaise, das Stachelbeeren enthält, im Pariser Kochbuch von 1752 auch eines für Hering mit Stachelbeeren. Vielleicht ein normannisches Überbleibsel, die Engländer waren ja lange genug im Land.

Am besten sind frische kleine Makrelen auf dem Grill gebraten, nur gesalzen und gepfeffert. Dieser Steckerlfisch ist ein einfaches und billiges Sommergericht. Und da schon Geruchsbelästigung für die Nachbarn entsteht, grillen Sie gleich ein paar mehr und legen sie ein. Einen Liter Weißwein mit einem Viertelliter Essig, Zwiebelscheiben, 2 Knoblauchzehen, 3 Lorbeerblättern, einem Zweig Thymian, Petersilie, Salz und Pfefferkörnern 15 Minuten kochen und abgekühlt über die Makrelen gießen. Wer nicht grillen will, kann diesen Sud kochend auch über frische Makrelenfilets gießen und sie 15 Minuten ziehen lassen, herausnehmen und gleich essen oder im erkalteten Sud aufbewahren. Hält sich im Kühlschrank mehrere Tage und ist im Sommer ein einfacher leichter Imbiß.

56

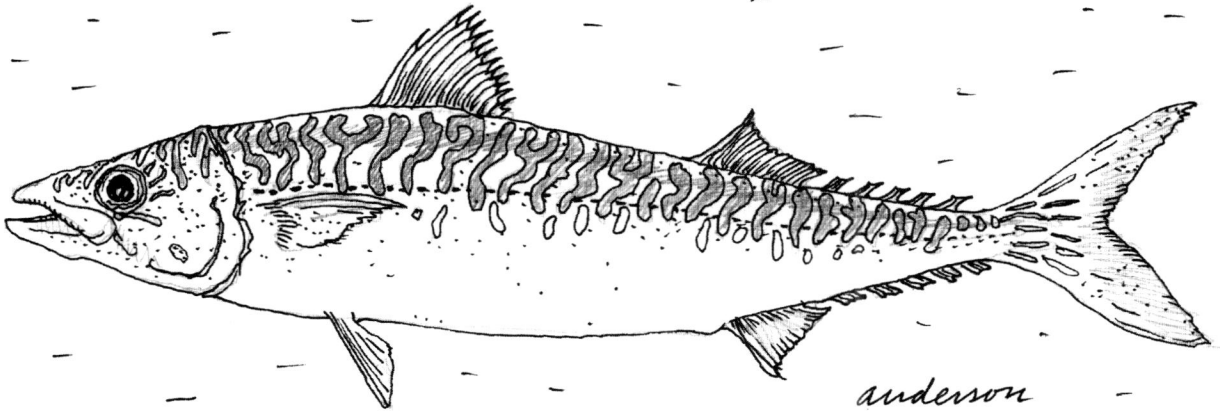

Mein japanischer Freund legt die Makrelenfilets für einige Stunden in gut gesalzenes Eiswasser. Das tun auch französische Fischer, um das Fett aus dem Fleisch zu ziehen. Sakamoto san läßt die Filets noch ein, zwei Stunden überm Ofen trocknen und brät sie, nur gesalzen, im Salamander knusprig, im Grill nur bei Oberhitze. Schmeckt mit Sojasoße und frischem Rettich. Und fürs Sushi werden die Makrelenfilets 12 Stunden in Salzwasser eingelegt, abgewaschen und dann für 4 Stunden in einfachem weißem Essig mariniert. Mit eingelegtem Kombu (Seetang) auf Sushireis ein Leckerbissen für jene, die mit ganz rohem Fisch Probleme haben.

Sollten Sie sich mit geräucherten Makrelen begnügen müssen, bereiten Sie doch einmal eine Mousse von der Räuchermakrele. Zwei schöne Filets von Haut und Gräten befreien und im Mixer mit kalter Weißweinsauce zu einer homogenen Paste cuttern. Darauf achten, daß Fleisch und Sauce etwa gleiche Temperatur haben, sonst kann die Masse gerinnen. Für die Sauce 2 Schalotten ganz fein hacken, mit 1 dl Weißwein und 1 dl Noilly Prat weichkochen und die Flüssigkeit reduzieren. 2 dl Sahne dazugeben, nach und nach 2 Löffel Butter dazumixen. Sollten Sie zwei frische Makrelenfilets nicht sofort verarbeiten können: einfach wie Lachs beizen. Die Filets mit einer Mischung aus 30 g Salz, 20 g Zucker, 20 g grobgeschrotetem Pfeffer und abgeriebener Zitronenschale bestreuen, einen großen Bund gehackten Dill darauf festdrücken, mit einem Gläschen Aquavit befeuchten und zusammengeklappt fest in Frischhaltefolie wickeln. In einer Form – es könnte Saft auslaufen – zwei Tage in den Kühlschrank legen, ab und zu wenden. Wie Graved Lachs servieren. Meine beste Makrele aß ich im irischen Dingle. Noch warm, direkt aus der Räucherei, gleich aus der Zeitung gewickelt, mit den Fingern gegessen. Der Rest war für die Möwen. Auch Stachelbeeren schmeckten am besten noch halbreif aus dem Garten stibitzt. Natürlich gab es da Mutters Stachelbeerkuchen, noch warm und immer etwas feucht. Und sollten Sie auch so fanatisch einkochen und einwecken, wie es meine Mutter tat, dann sei das Buch von Nora Carey empfohlen: »Gartenfrische Vorräte durchs ganze Jahr«, erschienen bei DuMont.

Die **Makrele**, *Scomber scombrus*, ist ein weit verbreiteter Schwarmfisch mit torpedoförmigem Körper. Sie ist vor allem im nördlichen Atlantik zu Hause. Auf dem Rücken ist der Fisch stahlblau mit unregelmäßigen dunklen Streifen. Die Seiten sind perlmuttweiß. Hauptfangzeit ist von Mai bis Juli. Verwandt ist die Spanische Makrele, *Scomber japonicus,* die in allen Meeren vorkommt. Die Makrele hat einen hohen Fettgehalt, fast 12 Prozent, und eignet sich deshalb hervorragend zum Räuchern. Andererseits verdirbt das Fleisch schnell, weshalb in England früher Makrelen auch sonntags verkauft werden durften. Dort sind sie heute noch beliebt. Im 19. Jahrhundert war die Makrele auch in Frankreich ein begehrter Fisch. Heute ist sie zu Unrecht vom Speiseplan fast verschwunden. Im Mai und Juni sind die kleineren Exemplare, kurz vor dem Laichen, frisch eine Delikatesse. Die Römer stellten einst aus dem Fleisch und Innereien die beliebte Garumsauce her, die als Würzmittel damals wohl allgegenwärtig war. Catull nennt gewisse literarische Produkte »Einwickelpapier für Makrelen«.

Der Franke liebt die gefüllte Kalbsbrust. Früher war das ein großer Braten, den es nur selten gab. Die Eltern meiner Mutter waren Bauern, und wenn mal ein Kalb geschlachtet wurde, behielt man nur ein Vorderviertel zum Bratwurstmachen. Die anderen Teile wurden verkauft. Als Braten blieben nur Brust und Haxe, der Rest ging in die Wurst. Die Bratwürste aus Kalb und Schwein waren entsprechend gut. Brust und Haxe sind mir bis heute der liebste Teil vom Kalb. Bei Oma Löffler reichte so ein Braten für Kinder und Enkel, und die Familie war groß.

Wir besorgen bei einem guten Metzger ein Stück Brustspitz ohne Knochen, etwa 2 kg schwer. Das reicht für vier fränkische Esser, aber es werden auch acht noch satt. Die Tasche für die Füllung vom Metzger einschneiden lassen. Das Fleisch innen und außen salzen und pfeffern und folgende Füllung vorbereiten. 200 g würflig geschnittene, altbackene Semmeln in etwas Butter anrösten. In der Pfanne eine große Zwiebel, eine Knoblauchzehe und 100 g Pilze feingehackt in Butter anschwitzen. Die Semmelwürfel mit 3 dl heißer Milch übergießen, durchrühren, 4 Eier untermischen, dazu den Pfanneninhalt und 200 g Bratwurstfüllsel. Mit Petersilie, Schnittlauch, Muskat, Salz und Pfeffer würzen. Nur locker in die Tasche der Kalbsbrust füllen, damit sie nicht beim Garen platzt, und zunähen. In einem großen Bräter das gute Stück in Butter von beiden Seiten vorsichtig anbraten, 3 Zwiebeln und 2 Bund Suppengrün kleingeschnitten mit anrösten und mit einem Dreiviertelliter Wasser oder Brühe ablöschen. Im Ofen bei 170 Grad mindestens 2 Stunden braten.

Oma Löfflers Geheimnis war die sanfte Hitze ihres alten Ofens, der noch mit Holz befeuert wurde. Den Braten immer wieder begießen, auch ein Schoppen Bier half dem Braten und der Sauce. Die Brust herausnehmen und etwas ruhen lassen. Den Bratensatz loskochen, durch ein Sieb gießen und dabei die Röstgemüse gut ausdrücken, den ausgetretenen Bratensaft dazugießen. Nicht binden, höchstens entfetten; fertig ist die Sauce.

Dazu gab es gekochte oder baumwollne Klöß. 1 kg Kartoffeln der mehligen Sorte, aber keinesfalls neue, schälen, kochen, abdampfen lassen und durch die Presse drücken. 200 g Kartoffelstärke untermischen und

Gefüllte Kalbsbrust mit Radieschen

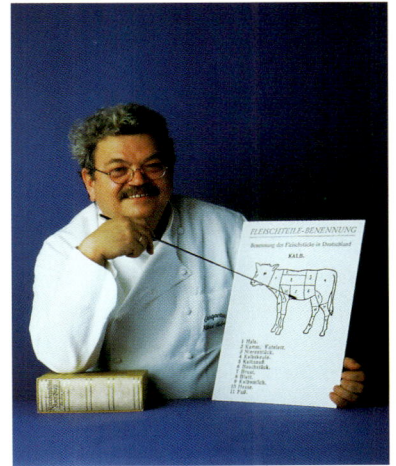

Sollten Sie im eigenen Garten Kopfsalat ohne Kunstdünger ziehen, wissen Sie, wie herrlich der schmecken kann. Auch mal so: Bevor er schießt, nur die Herzen, grob zerpflückt, mit reichlich in Streifen geschnittenen Radieschen als Salat bereiten. Mit einer Sauerrahm-Vinaigrette und viel Schnittlauch.

Sollten Sie aber so viel Abfall für Verschwendung halten, weil sie kein Kaninchen damit füttern können, hier das Rezept für eine Kopfsalat-Radieschen-Suppe. Die noch schönen Salatblätter von den Rippen zupfen, waschen und wie die grünen Radieschenblätter in feine Streifen schneiden. Zwei gehackte Schalotten in Butter anschwitzen, die Blätter dazugeben, mit kochender Fleischbrühe aufgießen und fünf Minuten bei starker Hitze kochen. Zur Bindung Sahne und eine zerdrückte gekochte Kartoffel zugeben, mit dem Mixstab fein pürieren. Die heiße Suppe mit hauchdünnen Radieschenscheiben bestreuen. Ganze Radieschen zum Knabbern neben dem Teller servieren.

Und sollten Sie sich mal wieder ein Butterbrot gönnen, dick mit gesalzenen Radieschenscheiben belegt, wäre das eine Frühlingsalternative zu Tomaten mit Mozarella. Und Sie könnten ein Bier dazu trinken, wie zu allem anderen heute auch, Bamberger Rauchbier vielleicht.

mit 3 dl kochender Milch vermengen, in die ein Löffel Grieß eingerührt wurde. Salzen und Klöße formen, mit gerösteten Semmelwürfeln in der Mitte.

❦

Das **Kalb**, *Vitellus*, ist das Jungtier des Rinds. Milchkälber werden meist im Alter von drei Monaten geschlachtet. Ihr Fleisch ist hell, zart und fein im Geschmack. Es lohnt, bei einem Bauern mit Freunden zusammen ein Viertel zu erstehen. In Frankreich und Italien gilt das Milchkalb als das feinste Schlachtfleisch. Grimeaud de la Reynière berichtet von Kälbern, die nur mit Milch, Eigelb und Bisquit gefüttert wurden. Die Kalbsbrust liegt zwischen Hals und Bauchstück. Sie kann geschmort werden, wird aber meist ausgelöst und gefüllt. Das Appetitlexikon berichtet von einer Füllung mit weißem Spargel, roten Krebsschwänzen und grünen Erbsen. Im kleinen Frankfurter Kochbuch von 1801 wird sie mit gehackter Lunge gefüllt am Spieß gebraten. – Das **Radieschen**, *Raphanus sativus*, ist der kleinste Rettich. Es enthält die Vitamine B und C, Mineralstoffe und Senföl, unterstützt die Verdauung und regt den Appetit an. Warum hat das Radieschen einen roten Kopf? Es schämt sich, weil es so scharf ist.

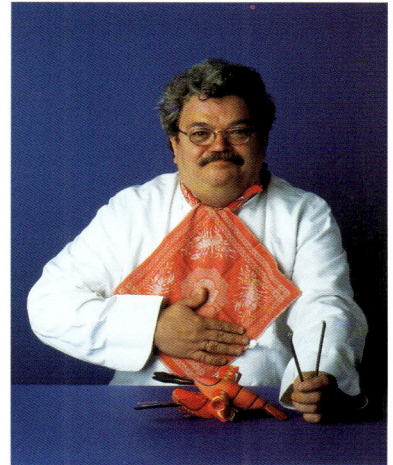

Vom Krebsessen

D ie Monde ohne r sind gut zum Reisen, zum Hochzeitmachen und zum Krebse speisen.« Leider sind die Zeiten der großen Krebsessen vorbei. Rabelais läßt den Gargantua vor fünfhundert Jahren in Paris noch Krebse fangen. Goethe erzählt von »ellenlangen« Krebsen auf dem elterlichen Tisch. Und Fontane läßt in »Frau Jenny Treibel« auf einem Herrenabend von den guten alten Zeiten schwärmen: »Damals gab es so viele Krebse, daß sie durchs ganze Bruch hin, wenn sich im Mai das Überschwemmungswasser wieder verlief, von den Bäumen geschüttelt wurden, zu vielen Hunderttausenden.« Auch wir lockten als Kinder noch manchen Krebs aus dem Bach im Frankenwald, mit der Taschenlampe ging es am besten. Und im Urlaub im Haus der Freunde an den Ufern der Yonne in Burgund reichten zwei Stunden, um die Vorspeise für vier Personen herauszufischen. Nun hat man nicht immer Zeit zu fischen oder nach Burgund zu reisen. Doch einmal im Jahr sollte man sich ein schönes Krebsessen leisten.

Am einfachsten sind Krebse im Wurzelsud. Dazu bereitet man eine Courtbouillon aus einem Liter Geflügelbrühe oder Fischfond und einem Liter Weißwein, die mit Lauch, Karotten, Sellerie, Petersilie, Dillblüten, Kümmel, Pfefferkörnern und Salz 15 Minuten gekocht wird. Diese Bouillon durch ein Sieb gießen und wieder kräftig aufkochen. Die lebenden Krebse in Portionen in die sprudelnde Brühe geben. Fünf Minuten Kochzeit genügen. Ich koche Julienne mit, das sind feine Streifen von Lauch, Karotten und Sellerie, und serviere die Krebse im Gemüsesud, mit Petersilie und Dill bestreut.

Und nun die große Serviette fest hinterm Hals verknotet, denn die Mutter sagte immer: »Vorsicht, die Flecken gehen nie mehr raus!« Heute haben wir moderne Waschmittel, aber keine deutschen Edelkrebse mehr. Also den türkischen Ersatzkrebsen nach dem Kochen zuerst die zentrale Schwanzflosse mit dem Darm ziehen. Dann den Schwanz aus dem Körper drehen und das Fleisch herauslösen. Am besten gelingt dies, wenn Sie die Schwanzflossen und den ersten Ring des Panzers entfernen. Sehr gut schmeckt das »Fett« oder Corail im Körper. Dazu die Krebsnase von der Beinpartie abheben. Magensack und Kiemen sind, wie beim Hummer, nicht genießbar.

Der Kenner saugt die Kammern über den Beinen aus. Und es lohnt

Sollten Sie Ihren Gästen das Knacken der Krebse am Tisch nicht zumuten wollen: Pro Person 15 schöne Krebse wie beschrieben in Courtbouillon kochen, die Schwänze ausbrechen, das Corail entfernen und aufbewahren. Die Panzer und Schalen zerstoßen, in Öl und Butter anrösten, Knoblauch, Schalotten, Suppengrün mitrösten, auch einen Löffel Tomatenmark. Einen Schuß Cognac angießen und abflammen, mit unserer Bouillon und der gleichen Menge Sahne (⅛ Liter pro Person) auffüllen und eine halbe Stunde kochen lassen. Durch ein feines Sieb gießen, gut ausdrücken. Diese Krebssauce vielleicht noch weiter einkochen, mit Salz, Pfeffer und Cayenne abschmecken, das Corail und etwas Butter mit dem Mixstab einarbeiten. Pro Portion 15 mittlere Pfifferlinge mit gehackten Schalotten braten, die geschälten Krebsschwänze dazugeben und mit der Sauce übergießen. Einen Löffel frischgehackten Schnittlauch darüber. Zu diesem Ragout einen kräftigen Mersault, Chassagne-Montrachet oder einen weißen Rhônewein. Bei Krebsen à la nage halte ich es mit Fontane und ziehe einen Brauneberger sogar einem Champagner vor.

auch, die Scheren zu knacken. Dazu wird der gute Sud gelöffelt. Satt wird man allerdings auch von zwei Dutzend Krebsen nicht.

❦

Der **Flußkrebs**, *Astacus nobilis Huxley,* war früher in ganz Europa verbreitet. Meister Elsholtz berichtet 1682 von den gewaltigen Fängen in der Mark Brandenburg. Von dort gingen große Transporte auf den Pariser Markt. »Die besten Krebse der Welt«, schrieb Baron von Vaerst in seiner Gastrosophie 1851, »gibt es in Eichstätt in Bayern. Sie sind so groß, daß dreie ein Pfund wiegen.« Aber 1880 vernichtete die Krebspest den europäischen Edelkrebs in Deutschland und Frankreich fast vollständig. Später wurden nordamerikanische Flußkrebse, *Oronectus limosus,* als Ersatz ausgesetzt. Die meisten der heute bei uns angebotenen Krebse stammen von dieser Art, kommen aber aus der Türkei. Da der Süßwasserkrebs auf der ganzen Welt vorkommt, begegnen uns Krebse aus Kenia, dunkel wie die französischen Pattes rouge, Krebse aus Australien, hell, mit seltsam abgerundeten Scheren. Aus Kalifornien kommen Signalkrebse zu uns. Diese Art erreicht beachtliche Größen, ist von schöner Farbe und kommt auch im Geschmack dem Edelkrebs am nächsten. In Skandinavien, Österreich und auch bei uns gibt es erfolgreiche Zuchten dieser Spezies, und zu meinem Glück habe ich einen Züchter aus dem Taunus kennengelernt.

Pasta, Tomaten mit Mozarella, Tirami su, das sind Gerichte, die wir aus der italienischen Küche in unseren Alltag übernommen haben. Nur mit dem Risotto hat es nie so richtig geklappt. Kann es daran liegen, daß die Ristoranti hier meist von Süditalienern betrieben wurden, die auch keine Reisesser sind?

Böse Zungen behaupten, wir könnten einfach Reis nicht richtig kochen. In Norditalien, rund um das Anbaugebiet in der Poebene, haben der Reis und der Risotto eine alte Tradition. Die Qualität eines Mailänder Lokals, Ristorante oder Trattoria, wird an der Qualität seines Risottos gemessen.

Auf meiner Wanderung nach Italien begegnete mir der Risotto schon in der Bernina-Bahn. Der Paß war für den Wanderer noch unpassierbar, und drei ältere Damen erzählten mir auf der Fahrt von Tiefencastel nach Poschiavo, daß sie regelmäßig diese Reise unternähmen, um im dortigen Bahnhofsbuffet Risotto zu essen. Ich probierte Pizzoccheri, dicke Buchweizennudeln mit Mangold und Käse, ein mächtiges Essen, und beneidete die Damen um ihren offensichtlich hervorragenden Risotto. Unterwegs probierte ich dann öfters einen Risotto, in einer kleinen Trattoria südlich von Brescia zum Beispiel diesen Frühlingsrisotto: Zwei Knoblauchzehen und einen Bund Frühlingszwiebeln kleinschneiden, einige Favebohnen, bei uns Saubohnen genannt, grüne Spargel, junge Zucchini und Artischocken in Scheiben, dazu eine Handvoll grüner Erbsen in Öl anschwitzen und pro Person eine halbe Tasse Carnaroli-Reis mit anbraten, bis er glasig ist. Mit einem Schuß Weißwein löschen und einkochen lassen. Kochende Fleischbrühe, eine gute Tasse pro Person, nach und nach aufgießen. Den Risotto auf mäßigem Feuer kochen. Aufpassen, daß er nicht anbrennt. Die Brühe zum Aufgießen muß kochend heiß sein. Zum Rühren ein Tip: Wer, wie Biolek, einmal mit dem Rühren anfängt, ist zwanzig Minuten an den Herd gefesselt. Denn dann heißt es ständig rühren. Besser, Sie gießen die Brühe in Portionen auf und kochen bei sanfter Hitze, dann muß nur in den letzten Minuten gerührt werden. Dabei dann ein Stück Butter und zwei Löffel frisch geriebenen Parmesan zugeben.

Wann ist ein Risotto fertig? Das Korn soll noch Biß haben. Es ist kein Reisbrei wie in der Kinderzeit. Er darf auch nicht zu trocken werden.

Risotto Primavera

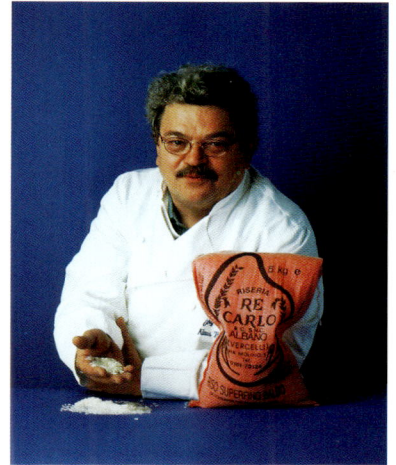

Sollten Sie sich zum Risottoliebhaber verwandeln, haben Sie eine ideale Basis für Ihre Kochphantasien. Wie bei der Pasta lassen sich mit Zutaten, die gerade vorhanden sind, fast unendliche Variationen entwickeln. Berühmt ist das Risotto Radiccio Trevisano. Seine leichte Bitterkeit muß man allerdings mögen. Dafür Zwiebeln mit den gehackten Radiccioblättern anschwitzen und dann wie üblich mit Weißwein und Brühe aufgießen. Toll schmeckt dazu ein geräucherter Ricotta. Oder probieren Sie einen Barolo-Risotto: Zwiebeln und Knoblauch mit Salsicciastücken oder Bratwurstfüllsel mit gehacktem Majoran angehen lassen. Dann mit Barolo und Brühe fertiggaren. Hervorragend war ein Risotto mit Meeresfrüchten am Strand bei Viareggio im Kalimero. Und sollten Sie beim nächsten Risotto an Silvana Mangano denken, würzen Sie den »bitteren Reis« statt mit Parmesan mit einem Gorgonzola dolce. Das ist natürlich nichts für figurbewußte Esser, eher etwas für den Liebhaber üppiger Formen. Vom besten aller Risotti, dem mit weißen Alba-Trüffeln ein andermal. Und, um die sizilianische Ehre zu retten: Auf der Fähre nach Messina bieten fliegende Händler Arrancini an. Ein geniales Gericht, Safranreisbälle, gefüllt mit Hackfleischsoße, Erbsen und Mozzarella, paniert und ausgebacken. Ein Risotto, das man aus der Hand essen kann.

Die Kochflüssigkeit soll zwar aufgesogen und vom Käse gebunden sein, aber der Risotto muß noch etwas fließen. Noch ein Wort zur Brühe. Entscheidend für den Geschmack eines Risottos ist neben dem Reis die beigefügte Kochflüssigkeit. Je besser die Brühe, desto delikater der Risotto.

❦

Der **Reis**, *Oryza sativa*, ernährt die Mehrheit in der Welt. Schon vor fünftausend Jahren in Indochina heimisch, verbreitete er sich nach Osten und Westen. Alexander begegnete er schon am Euphrat. Und Plinius berichtet, daß die Inder den Reis schätzen, »maxime quidem oryza gaudent«, aus dem sie auch ein Getränk herstellen. Zu uns kam er wohl im 8. Jahrhundert, von den Venezianern aus dem Orient importiert, und vielleicht war das venezianische risi e bisi, Reis mit Erbsen, das erste europäische Reisgericht. Ein Klosterkochbuch von 1350 kennt schon ein süßes Reisgericht und auch Taillevants »Le Vivandier« von 1380 enthält Rezepte mit Reis. Meister Elsholtz unterscheidet welschen Reis vom indianischen. Tatsächlich gibt es etwa siebentausend Sorten. In Europa wird meist Rundkornreis angebaut, vor allem im Piemont und in der Lombardei. Die Sorten fürs Risotto heißen Vialone und Arborio. Kenner schwören auf den Carnaroli-Reis. Er hat den besten Geschmack, wird cremig wie der Vialone und bleibt trotzdem lang al dente. Er brennt weniger schnell an, ist allerdings teurer und nicht leicht zu finden.

64

Neben dem Steinbutt, der im Winter Saison hat, gilt bei den Platt-fischen die Seezunge als der edelste Fisch. Vielleicht rührt die Be-liebtheit der Seezunge auch daher, daß sie vergleichsweise haltbar ist und ihr festes Fleisch manche Kochsünde verzeiht. Auch sind die Filets ohne Mühe zu lösen und grätenfrei. In ungezählten Rezepten wurde der Seezunge viel zugemutet. Garnituren und Beilagen ohne Ende. Das »Chamäleon des Meeres« (Reynières), da angeblich ohne großen Eigen-geschmack, diente als Spielfeld für überschießende Kochphantasien. Da wurde gerollt, gefüllt, geknotet, souffliert, getrüffelt, gedämpft, gebraten und gebacken, was der Fisch aushielt. Damals waren die Transportzei-ten länger, und es konnte auf diese Weise manches überdeckt werden. Eine frische Seezunge hat einen wunderbar nussigen Geschmack. Der wird durch Butter, leicht gebräunt, am besten unterstützt. Und man muß es mit der Frische nicht gleich so übertreiben wie die Fischhändle-rin in Audierne in der Bretagne, die uns die Seezungen noch lebend in die Tüte packte und uns riet: »Einfach in die heiße Butter damit!«

Kleinere Exemplare nur häuten, salzen und pfeffern, leicht mehlieren und sanft in Butter braten. Mit Zitronensaft beträufeln, gehackte Peter-silie darüber und mit leicht gebräunter Butter begießen. Zum Häuten den Schwanz kurz in kochendes Wasser tauchen, die Haut etwas ablö-sen, den Schwanz festhalten und mit einem kräftigen Ruck zum Kopf hin abziehen. Größere Seezungen filetieren. Dazu nach dem Abziehen der Haut mit einem Messer mit biegsamer Klinge die vier Filets vom Rückgrat her nach außen ablösen. Kleine Filets ganz lassen, große in 8 cm lange Stücke teilen.

Köpfe und Gräten der Seezunge geben den feinsten Fischfond. Sie wer-den, ohne Kiemen und Innereien, unter fließendem Wasser gut gespült. Je eine Lauch- und Selleriestange, eine Zwiebel, zwei Knoblauchzehen, einige Champignonstiele und eine frische Tomate mit den Fischkarkas-sen in Olivenöl anziehen lassen, ein Lorbeerblatt, einen Thymianzweig und Pfefferkörner zugeben, mit einer Flasche Weißwein und kaltem Wasser und einigen Eiswürfeln auffüllen und sanft köcheln lassen. Ein Viertelstündchen ist genug. Dann durch ein feines Sieb oder Tuch ab-gießen. Was Sie nicht gleich verbrauchen, in Portionen einfrieren.

Zwei kleine Rezepte: Champignons mit etwas zerdrücktem Knoblauch

Sollten Sie wirklich frische Schollen finden, können Sie die Filets wie in den Rezepten für die Seezunge zubereiten. Und sollten Sie eine Abwechslung zur Speckscholle suchen, die mir nach einer Strandwanderung in der Sansibar auf Sylt auch als große Portion schmeckte, hier ein Rezept für Knoblauchfreunde: Kleine Schollen schuppen, ausnehmen und Flossen abschneiden. Auf beiden Seiten in Milch baden, abtropfen lassen, in Mehl wenden und in Öl mit einem Stück Butter bei mittlerer Hitze braten, 4 bis 6 Minuten, je nach Größe. In einer Kasserolle 150 g Butter leicht erhitzen, 4 frische Knoblauchzehen in Scheiben zugeben und, wenn sie Farbe annehmen, schnell mit dem Saft einer Zitrone ablöschen, feingehackte Petersilie und Estragonblätter dazu. Die Schollen mit der gewürzten Butter übergießen und servieren.

und feingehackten Schalotten in Olivenöl anschwitzen, Tomatenwürfel dazu und die Filets darauflegen. Mit etwas Weißwein und Fischfond aufgießen, salzen, pfeffern. Mit einem Deckel verschließen und fünf Minuten sanft simmern lassen. Vor dem Servieren mit Petersilie und feingeschnittenem Basilikum bestreuen. Ein richtiges Diätgericht.

Wer es üppiger mag, brate die gewürzten Filets in geklärter Butter und überziehe sie mit einer leichten Orangensoße. Für die Soße die abgeriebene Schale einer unbehandelten Orange mit etwas Orangensaft, Fischfond, Noilly Prat und Sahne einkochen und kalte Butterstücke untermixen. Ein paar gehäutete Orangenfilets in der Sauce erwärmen. Dazu passen gut Bandnudeln, in Butter mit Tomatenwürfeln und Basilikum geschwenkt. Wenn Sie Ihre Nudeln selbst herstellen, mischen Sie in den Teig hauchdünn geschnittene Orangenschale.

❦

Die **Seezunge**, *Solea solea*, ist ein langgestreckter, schlanker Plattfisch. Die Oberseite ist meist graugrün bis schwarzbraun, sie paßt sich in der Farbe dem jeweiligen Meeresgrund an. Wie bei allen Plattfischen ist der Bauch weißlich. Früher waren Seezungen von 3 oder 4 kg keine Seltenheit, wegen der Überfischung ist das Durchschnittsgewicht bei 1200 g angelangt. Die Augen der Seezunge liegen auf der rechten Seite. Das hat sie mit der **Scholle**, *Pleuronectes platessa*, gemeinsam. Deren Körper ist breiter und die Haut der Oberseite ist mit roten bis orangefarbenen Flecken gezeichnet. Beide Fische werden an den Küsten Westeuropas, in der Ostsee und im Mittelmeer gefangen. Die Scholle spielt in der Küche der Nordseeanrainer eine Rolle, wegen ihres weicheren Fleisches muß sie möglichst frisch zubereitet werden. Hundszunge und echte Rotzunge sind Verwandte der Scholle und als Speisefische ebenfalls hervorragend. Die amerikanische Dover sole ist eigentlich eine Rotzunge, die Rock sole unsere Kliesche. Sie alle stehen der Seezunge an Delikatesse nicht nach.

Seezunge oder Scholle?

Tabouli und Mergez

Als Unterprimaner auf Klassenfahrt in Paris. Ich verliebte mich. Nicht in die französische Küche, wie Sie vielleicht annehmen, sondern in Renate, die dort auch Museen besichtigte. Wir machten unser eigenes Programm. Wir verpaßten die Metro, die Klassen waren weg, allerdings versäumten wir auch die organisierten Mahlzeiten. Verliebte sind angeblich nicht hungrig. Das kann ich nicht bestätigen. Der schmale Geldbeutel ermöglichte aber nur eine Wurst (Mergez) nach dem Flohmarktbummel. Beim Spaziergang durchs Quartier Latin gab es ein tunesisches Sandwich, das wir an der Seine sitzend verzehrten. Der Blick auf Notre Dame, ganz wie im Tour d'Argent, war kostenlos. Das erste Mal Paris, und die Küche war tunesisch. Das erste Couscous, die ersten libanesischen Mezze, zum ersten Mal Mergez und Tabboulé. Heute sind fast alle deutschen Städte auch so multikulturell, wie es Paris damals schon war.

Für heiße Sommertage also einen typischen »Frankfurter Salat«: Tabboulé oder Tabouli. Sharif, der tunesische Freund, reklamiert ihn für sich. Achmed, mein marokkanischer Metzger, hält sein Rezept für besser. Ishmat, der libanesische Kollege, behauptet, das Gericht stamme natürlich aus seiner Heimat.

Beginnen wir mit der libanesischen Variante. 100 g Bulgur, das ist Weizenschrot, von der feinkörnigen Sorte, in einem Sieb unter fließendem Wasser waschen und 30 Minuten in kaltem Wasser einweichen. Drei Bund glatte Petersilie, zwei Bund frische Minze, vier Frühlingszwiebeln mit dem Grün, eine Knoblauchzehe, alles feingehackt, und vier große Tomaten in Würfeln mit dem ausgedrückten Bulgur vermischen. Salzen, pfeffern, den Saft von 2 oder 3 Zitronen und 6 Löffel Olivenöl einrühren. Eine Stunde im Kühlschrank durchziehen lassen. Auf kleinen Blättern aus dem Herzen des Romanasalats servieren. So kann man es auch bequem mit der Hand essen. Wenn Sie noch 2 Tassen gekochter Kichererbsen untermischen, heißt das Gericht im Libanon Safsouf.

Meine Variante enthält etwas mehr Bulgur, den ich nach dem Waschen mit heißer, entfetteter Lamm- oder Hühnerbrühe übergieße. Wenn die Flüssigkeit aufgesogen ist, mische ich neben den eben genannten Zutaten noch gehackte Gurken, scharfe Paprikawürfel und frisches Koriandergrün darunter. Wer mag, kann auch ein Löffelchen Harissa dazutun.

Harissa ist ein Zaubergewürz aus Nordafrika. Die Paste wird aus roten Chilischoten, Öl, Knoblauch, Kreuzkümmel, Koriander und Zimt im Mörser zerstampft.

Die Mergez, die mir Achmed in der Kleinmarkthalle frisch fabriziert, bestehen aus feinem Lammhack mit Harissa feurig gewürzt. Und wenn Sie noch kleine Lammkoteletten oder Spießchen mit Lammfilet mit Harissa bestreichen und wie die Mergez im Garten grillen, haben Sie zusammen mit Tabboulé ein leichtes Sommeressen.

※

Bulgur ist Weizenschrot aus Hartweizen. Die Körner werden gekocht, dann getrocknet und fein oder grob gemahlen. Er ist im südlichen Mittelmeerraum und im Nahen Osten sehr beliebt. Es gibt grobe und feine Sorten. Die feinen sind für den Salat gedacht. Am einfachsten ist Bulgur in türkischen Lebensmittelgeschäften zu finden. Er wird wie Pilaw gekocht, eingeweicht als Salat serviert oder mit Fleisch vermischt gebacken. So findet er vor allem in den berühmten libanesischen Kibbés Verwendung. Da wird fettfreies Lammfleisch aus der Keule mit feingehackter Zwiebel und eingeweichtem Bulgur vermischt, mit Salz, Pfeffer und Olivenöl gewürzt, mit Pinienkernen bestreut und kalt, roh mit frischer Minze serviert. Die Mischung läßt sich aber auch wie eine Bulette braten. Es gibt raffiniert gefüllte Kibbés, auch welche aus Bulgur und Nüssen, sogar mit rohem Fisch. Bulgur wird aber auch mit Fleisch und Gemüse wie Couscous gekocht. Tabboulé aus Couscousgrieß zubereitet, wie in Südfrankreich üblich, ist eine Notlösung und mögliche Resteverwertung.

Sollten Sie ein orientalisches Fest im Garten daraus machen wollen, servieren Sie noch einen Salat aus gerösteten Fladenbrotstücken, Zwiebeln, Gurken, Tomaten und Oliven. Und grillen Sie gesalzene dicke Auberginenscheiben mit und marinieren diese mit Zitrone, Harissa, Olivenöl und dickem griechischem Joghurt. Und für ein Hommos pürieren Sie gekochte Kichererbsen mit Knoblauch, Zitronensaft und Sesamöl. Noch eine Schale Oliven, ein paar eingelegte Peperoni, Harissa oder Zhug, die grüne jemenitische Variante (grüne Chilis mit Knoblauch, Kreuzkümmel, Kardamom und Salz zerstampft), zum Nachwürzen, und Sie fühlen sich wie Ali Baba.

Dazu gibt es Tee, wie in Marokko gebraut. Grünen Gun-Powder Tee mit viel frischer Minze und reichlich Zucker aufkochen und in kleinen Gläsern servieren. Heiß oder kalt. Sollte Ihnen ein Nachtisch fehlen, füllen Sie frische Datteln mit Marzipan und einem Stück Butter. Schmeckt am besten gut gekühlt. Oder Sie lassen den Tee im Gefrierfach festwerden und schaben sich ein Scherbet oder Granité ab. Sie können den Tee auch in der Eismaschine zum Sorbet drehen. Das Sorbet oder Granité mit Pfefferminzlikör und Wodka begießen. Schmeckt und wirkt schnell.

Von den
Venusmuscheln

❧

Zum sommerlichen Urlaubsvergnügen gehört das Sammeln von Muschelschalen, die dann zu Hause den Eßtisch dekorieren. Mich hat immer fasziniert, was Einheimische oder kundige Touristen für ihren Kochtopf sammeln. Bei Ebbe werden da mit Harken, Schaufeln oder langen Drähten Messermuscheln, Herz- oder Venusmuscheln, Krabben oder gar Percebes aus dem Sand oder von den Felsen geholt.

Ob gesammelt oder gekauft, die frischen, lebenden Venusmuscheln gut waschen und für eine Stunde in einen Eimer mit kaltem Wasser und 2 Löffeln Salz geben, damit der Sand ausgeschieden wird. Die Muscheln können Sie roh essen: Einfach mit einem Messer öffnen und nature oder mit Zitrone und Pfeffer zu Weißbrot, Butter und einem frischen Weißwein verzehren. Eigentlich gehören sie auf ein gutes Plateau de fruits de mer. Ob ihres nussigen Geschmacks mag ich sie lieber als die Auster.

Für die Palourdes farcies gibt es zwei Methoden. Sie können die gewässerten Muscheln, 500 g pro Person, roh öffnen und, mit Kräuterbutter und etwas Semmelbröseln gefüllt, für 5 Minuten in den Ofen bei voller Oberhitze geben. Die Kräuterbutter: Sie arbeiten in 400 g Butter 50 g feingehackte Schalotten, 3 zerdrückte Knoblauchzehen, 2 Löffel geschnittene Petersilie, Pfeffer und einen Spritzer Weißwein ein.

Für die Variante die Muscheln in eine heiße Eisenpfanne geben, mit einem Glas Weißwein ablöschen, Schalotten und Knoblauch zugeben und abgedeckt 3 bis 5 Minuten auf starkem Feuer kochen, bis sich die Muscheln geöffnet haben. Die Muschelhälften mit dem Fleisch nach oben in eine Backform legen und mit Kräuterbutter und Semmelbröseln bedecken, den Kochfond darüberträufeln und kurz unter dem Grill überbacken. Noch einfacher ist die Art und Weise, wie man in Portugal diese Muscheln zubereitet. Olivenöl mit Knoblauch in der Pfanne erhitzen, Muscheln, Zitronensaft, Pfeffer, Weißwein und gehacktes Koriandergrün zugeben, abdecken und kochen, bis die Muscheln geöffnet sind. Im Sud servieren. Die Muscheln entfernen, die sich nicht geöffnet haben, sie sind nicht gut oder enthalten nur Sand.

Venusmuscheln mit gebratenem Schweinefleisch vermischt, werden als Spezialität des Alentejo offeriert. Seit ich weiß, daß die Heilige Inquisition getaufte Mauren und Juden mit diesem Gericht auf die Probe stellte, schmeckt es mir nicht mehr. Autodafés können einem nach Hunderten von Jahren noch den Appetit verderben.

Fast hätte ich die Spaghetti mit Vongole veraci vergessen. Die Muscheln mit Olivenöl, Knoblauch, Weißwein, Pfeffer und Petersilie gekocht und mit etwas Butter unter die heißen Nudeln gemischt: das ist »in bianco«. Oder Sie lassen die Butter weg und geben frische Tomatenwürfel und Basilikum dazu. Käse paßt aber in keinem Fall.

⚘

Venusmuscheln, *Venerida*, gibt es in vielen Arten. Die zur Ordnung der *Heterodonta* gehörige Familie ist bei uns in den kleineren Arten als *Venerupis pullastra* und *aurea* (ital. vongole, franz. clovisse) auf dem Markt. Die größte Art *Venerupis decussata* ist die begehrte Vongole verace oder Palourde, die etwa 7 cm Schalentiefe aufweist. Im Urlaub helfen diese Namen, auf den Verpackungen im Handel sind meist die lateinischen Bezeichnungen kleingedruckt angegeben. Die amerikanischen Soft Clams gehören zu den Klaffmuscheln, die Hard Clams sind Venusmuscheln der Art *Mercenaria mercenaria* und größer als die europäischen Arten. Die Muscheln werden von März bis November mit dem Rechensieb aus dem Sand geholt oder mit der Muschelharke in Beutel geschafft. Die Palourdes werden vor allem in der Bretagne und auf der Insel Noirmoutier, südlich der Loiremündung, wie die Austern in Muschelparks gezüchtet und gemästet. Die oben erwähnten Percebes sind Entenmuscheln der Art *Mitella pollicipes,* aber trotz des Namens keine Muscheln, sondern Krebse (Rankenfüßer, *Ciripedia*), die sich an meist unter Wasser liegenden Felsen festsetzen. Sie sind an der iberischen Atlantikküste begehrt, aber teuer, weil das Sammeln gefährlich ist. Sie schmecken sowohl roh wie gekocht hervorragend. Sie gelten als Stärkungsmittel und Aphrodisiakum.

Sollten Sie in Amerika der Clam Chowder begegnen, was fast unausweichlich ist – diese Suppe wird aus einer verwandten Muschelart gemacht. Meist ist sie nur ein weißer Pamp mit viel Kartoffeln, wenig Muscheln. Es soll genießbare Varianten geben. Wenn Sie beim Japaner eine klare Suppe mit Venusmuscheln essen, ist das eher ein Genuß, vor allem wenn Sie wissen, daß nach japanischer Sitte die Braut am Morgen des Hochzeitstages ein Gericht mit Venusmuscheln ins Haus des Bräutigams schickt. Zur Rettung der amerikanischen Ehre: Es gibt hervorragenden Clam Nectar, das ist sterilisierter Muschelsaft in Dosen, und Clam Extract, geeignet als Nahrung für Kranke und Rekonvaleszenten. Und das Rezept dazu: Man gebe in einen Schüttelbecher Eiswürfel, dazu in je gleichen Mengen Clam Nectar, Tomatensaft und Wodka, einen Spritzer Zitrone, Pfeffer und Tabasco. Schütteln, abgießen und, zum Umrühren, mit einem Stück frischer Selleriestange servieren. Hilft vor der Clam Chowder und nach durchzechter Nacht. Yeah!

Perlhuhn in Verjus

※

Urlaub im Perigord. Friedliche Provinzstädtchen, romantische Flußtäler, wir finden ein schönes Landhotel. Der Platz, um endlich in Ruhe auszuschlafen. Aber um vier Uhr morgens war Schluß. Nach dem üblichen Hahnenkrähen ein ohrenbetäubender Lärm vom benachbarten Bauernhof. Ein außerplanmäßiger Morgenspaziergang macht schlagartig klar, warum noch Zimmer frei waren, trotz Hochsaison: Ein Schild am Zaun »Pintade fermier«, und überall, selbst in den Bäumen, sitzen kahlköpfig wunderschön grauweiß gefiederte Perlhühner. Schon mittags bestelle ich Perlhuhn. Es ist Sommer, keine Trüffelzeit. Es gibt Sauté vom Perlhuhn in Verjus. Das ist eingekochter Saft unreifer Trauben, bei uns früher auch als Agrest im Gebrauch. Im Mittelalter begleitete diese Sauce Fleisch- und Fischgerichte, sie ist zu Unrecht in Vergessenheit geraten. Inzwischen wird Agrest neben ausgefallenen Essigen wieder angeboten. Er verleiht den Saucen eine fein säuerliche Note, die sich von Essigsaucen unterscheidet.

Das Perlhuhn in Stücke teilen, salzen, pfeffern und leicht mit Mehl bestäuben. In einem gußeisernen Topf 200 g gewürfelten Räucherspeck in Öl auslassen, die Geflügelstücke mit anbraten, bis sie schön goldbraun sind. Einige Knoblauchzehen, 200 g geschälte Perlzwiebeln mitrösten, einen Zweig Rosmarin und einige Stückchen Zitronenschale dazu und mit ¼ Liter Verjus, ½ Liter Rotwein und ½ Liter dunklem Geflügelfond auffüllen. Zugedeckt für 40 Minuten bei kleinem Feuer garen. Zwischendurch prüfen, ob noch genügend Flüssigkeit vorhanden ist, eventuell etwas Rotwein nachgießen. Dazu gibt es Weißbrot-Croutons, in Butter geröstet.

Haben Sie die frischen Perlhuhnlebern auch erhalten, mit gehackten Schalotten in Butter anbraten, würzen und mit einem Schuß Armagnac und etwas Fond ablöschen. Mit dem Ragout servieren. Oder fein zerdrücken, mit etwas Butter mischen und auf Weißbrotcroutons streichen. Diese Crostini schmecken als Beilage, sind aber auch mit einem Salat ein kleines Vorgericht. In diesem Fall geben Sie als Beilage Bratkartoffeln mit Knoblauch und Steinpilzen, ganz wie im Perigord. In etwas Öl das Perlhuhnfett auslassen, Speckstreifchen anschwitzen und rohe, dünne Kartoffelscheiben zugeben, salzen, pfeffern und einige, mit gehacktem Knoblauch und Petersilie angebratene Steinpilzscheiben untermischen. Die Pfanne mit einem Deckel verschließen und 30 bis 45 Minuten bei ganz kleinem Feuer braten. Alle zehn Minuten das Ganze wenden, mit Hilfe des Deckels, und auf beiden Seiten knusprig braten. Das ist mit einem frischen Salat auch ein frugales Abendessen.

Und noch ein Perlhuhngericht, das sich fast von allein kocht. Den Vogel, ein kleiner reicht schon für zwei Personen, außen und innen salzen und pfeffern. In den Bauch 2 Schalotten, 3 Knoblauchzehen, frischen Thymian, Petersilie und ein Stück Butter schieben. Das Huhn im Bräter in Olivenöl rundum anbraten, herausnehmen und 10 Knoblauchzehen, 10 Schalotten, 6 geachtelte Kartoffeln anbraten, mit Salz, Pfeffer, frischem Thymian würzen und einige getrocknete und vier geachtelte frische Tomaten untermischen. Das Perlhuhn wieder daraufsetzen, alles reichlich mit feinem Olivenöl begießen und für eine Stunde bei 150 Grad in den vorgeheizten Backofen schieben. Die Brust mit zwei, drei Scheiben Dörrfleisch abdecken, 3 dl Hühnerbrühe angießen. Die Wartezeit bei einem Aperitif im Garten oder auf dem Balkon genießen.

❦

Das **Perlhuhn**, *Numidia meleagris*, stammt wahrscheinlich aus Westafrika, wurde aber schon zu Zeiten des Aristoteles im vierten Jahrhundert v. Chr. in Griechenland gezüchtet. Die schöne Perlzeichnung im Gefieder gab ihm den Namen. Nach der griechischen Sage wurden die Schwestern des Meleagros in Perlhühner verwandelt, die Perlen im Gefieder seien die Tränen, die sie über den Tod des Bruders vergossen haben, berichtet Ovid. Aus dem Mittelalter hören wir nichts von Perlhühnern, vielleicht hatte man sie wegen ihres dissonanten Geschreis alle geschlachtet. Erst im fünfzehnten Jahrhundert wurden sie von Portugiesen aus Guinea wieder eingeführt. Meister Elsholtz nennt sie Kalkaunen und läßt sie in seinem »Französischen Koch« schon in Agrest zubereiten. Er berichtet, daß sie die Gesellschaft normaler Hühner nicht lieben und sich »in mangel ihresgleichen mit Pfauen paaren«. Verwandt mit Pfau und Fasan, ist das Perlhuhn trotz Zucht auch im Geschmack

Sollte ein Kirschbaum im Garten stehen, fürs Dessert eine große Schüssel voller Kirschen pflücken. Für mich sind Kirschen, frisch, nur in Eiswasser serviert, ein herrliches Dessert. Kirschen bedürfen keiner Zubereitung, es sei denn, man hat das Recht, sie zu brennen. Doch schmeckt das Destillat am besten an kalten Wintertagen.

Sollten Sie wirklich Lust auf ein Dessert verspüren, wie wär's mit einem Frankfurter Kirschenmichel? Den echten Frankfurter erkennt man daran, daß er dieses Wort nur als Kirchenmischel aussprechen kann. Auch entkernt er die Kirschen dafür nicht! Eine Auflaufform ausbuttern und zuckern. 250 g Kirschen mit 125 g in Butter angerösteten Semmelbröseln von Eierwecken oder Brioches vermischen. 150 g Butter mit 20 g Vanillezucker, ½ Teelöffel Zimt und der abgeriebenen Schale einer Zitrone schaumig schlagen und nach und nach 5 Eigelb untermischen. Das Eiweiß steifschlagen und dabei 100 g Zucker langsam einrieseln lassen. Den Eischnee unter die Butter-Eiermasse mischen und die Kirschen mit den Bröseln unterheben. Ein Gläschen Kirschwasser schadet nicht. Das Ganze in die Form füllen und 35 bis 40 Minuten im vorgeheizten Ofen bei 200 Grad Unterhitze und nur 120 Grad Oberhitze backen. Schmeckt warm und kalt.

Dazu kann man einen Bracchetto trinken, einen süßen Roten aus dem Piemont. Und vorher zum Perlhuhn einen Cahors, einen Madiran oder einen gekühlten Beaujolais, Fleurie oder Brouilly.

den Wildvögeln am nächsten. Und manches Rezept für Wildfasan schmeckt mit Perlhuhn besser als mit dem auf dem Hühnerhof gezogenen Fasan. – Die **Kirsche**, *Cerasus avium*, ist seit prähistorischer Zeit in ganz Europa verbreitet. Die Kirsche des Lukullus, die dieser aus Cerasunt im Pontus eingeführt haben soll, war wohl nur eine besondere Sorte. Elsholtz zählt schon mehr als zwanzig Sorten, Maikirschen, weiße Eyerkirschen, dreifarbige rheinische Sorten, lichtrote Glaskirschen, schwarze und rotgelbe Herzkirschen. Manche Sorten sind heute verschwunden, neue dazugekommen. Und wilde Kirschen zum Brennen gibt es immer noch, im Spessart zum Beispiel.

Als ich noch ein Waldbauernbub war, ging ich gern in die Schule. Hausaufgaben schützten mich vorm Schwammerlsuchen und Himbeersammeln. Aber in der Ferienzeit gab es kein Pardon. Bei uns im Frankenwald ging es nach der Devise: Was man selber sammelt, braucht man nicht zu kaufen.

Pfifferlinge und alle anderen Pilze, die man selbst sammelt, dürfen nicht einfach vom Boden gezupft werden. Das Myzel würde geschädigt, es wachsen keine Pilze nach. Man muß sie mit einem Messer abschneiden, dann sind sie auch schon halb geputzt. Zuhause mit einem Papiertuch Nadeln und Erdreste entfernen, nicht waschen. Sind die Pilze, die Sie kaufen, stark verschmutzt, läßt sich das Waschen nicht vermeiden. Aber dann rasch mit Küchenpapier gut trocknen.

Pfifferlinge in Öl mit etwas Butter und Schalotten anrösten, salzen, pfeffern und mit Petersilie oder Schnittlauch würzen. Man kann Streifchen vom Räucherspeck mitbraten. Mit ein, zwei Löffeln Kalbsfond ablöschen und/oder mit Rahm aufgießen. Oder: Nur geröstet wie beschrieben, noch lauwarm mit einer sanften Vinaigrette, fertig ist ein Pfifferlingssalat. Mit Rahm abgelöscht und Hühnerbrühe verlängert, wird es eine Schwammerlsuppe.

Zu Pfifferlingen in Rahm gab es bei uns Semmelknödel. Auf Fleisch kann man getrost verzichten, obgleich ein Stück vom Kalb oder eine Rehkeule dazu nicht zu verachten sind. Bei Oma Löffler gab es nach dem Schwammerlsuchen immer eine große Pfanne voller Pfifferlinge, mit Bauernspeck geröstet, ein Dutzend frischer Eier untergerührt. Das war damals, auf Bauernbrot mit selbstgeschlagener Butter, der karge Lohn für harte Fron.

Wenn dann zur gleichen Zeit die Himbeeren reiften, ging es ins stachlige Unterholz. Himbeeren gab es auch reichlich im Garten. Das intensivere Aroma haben die wilden Früchte, doch sie zermatschen leicht und überraschen nicht selten mit einer Fleischbeigabe. Doch bei den Mengen Saft und Gelee, die bei uns eingekocht wurden, gab es kein Zurück. Der Himbeersaft half Reis und Grießbrei zu vertilgen und war, mit Wasser gemischt, auch keine schlechte Limonade. Und gibt es Besseres als Waldhimbeergelee? Auch die Kuchen der Mutter entschädigten. Zwei kleine Rezepte: Einen Mürbteig blindbacken, auskühlen lassen, mit

Pfifferling und Himbeere

Sollten Sie Himbeeren als Geist oder Brand bevorzugen, es gibt vor allem im Elsaß hervorragende Produkte, zum Beispiel Framboise sauvage von Metté. Himbeerschnaps wird in der Regel als Geist hergestellt, also durch Mazeration gewonnen. Dafür werden Himbeeren in neutralem Alkohol oder weißem Weinbrand eingemaischt und dann gebrannt. Der reine Brand von Himbeeren ist sehr selten, denn er verbraucht Unmengen von Früchten. Reine Brände gibt es vereinzelt in Österreich, von Gölles eine Gartenhimbeere und einen fulminanten Brand von Pfau.

Und sollten Sie mehr Pfifferlinge und andere Pilze gesammelt haben, als sie sofort essen können, legen Sie diese süßsauer ein, wie unsere polnische Freundin Ewa: Pilze säubern, in kochendem, leicht gesalzenem Wasser 15 Minuten pochieren. Eine ganze Zwiebel mitkochen, aber anschließend entfernen. Wasser abgießen, Pilze in ein Einmachglas legen und mit einem Sud aus 2 dl Essig, 2 dl Wasser, 50 g Zucker, Lorbeerblättern, Piment und Pfefferkörnern übergießen. Die Gläser schließen und in einem Topf auf ein Tuch setzen, kochendes Wasser zugießen, bis die Gläser zu drei Vierteln im Wasser stehen und 15 Minuten kochen. Nach einigen Wochen schmeckt das zur Brotzeit oder zum Wodka.

Mandelblättern bestreuen und mit Crème Patissière oder Vanillepudding bestreichen. Schöne große Himbeeren daraufsetzen und mit einem Guß aus pürierten Himbeeren überziehen. Für den Guß Himbeeren mit etwas Zucker aufkochen und durch ein Sieb streichen. In der heißen Himbeersoße eingeweichte Gelatine auflösen, 1 Blatt für 1 dl Flüssigkeit. Mit einem Gläschen Himbeergeist abrunden.

Oder: Sie bestreuen Blätterteigscheiben (aus dem Tiefkühlregal) dick mit Puderzucker und backen sie bei 220 Grad im Ofen, bis der Zucker karamelisiert. Abgekühlt vorsichtig waagerecht in drei Teile schneiden. Den unteren Boden mit Himbeergelee bestreichen, Crème oder Pudding darauf und dann Himbeeren. Den zweiten Boden daraufsetzen und genauso verfahren. Mit dem karamelisierten Deckel abschließen.

❦

Der **Pfifferling**, *Cantharellus cibarius,* auch Eierschwamm oder Gelbling genannt, ist der bekannteste und am meisten verbreitete Speisepilz Mitteleuropas. Er ist in allen Wäldern, vor allem unter Nadelbäumen und Rotbuchen vom Juli an zu finden. Er ist dottergelb von oben bis unten und hat am Stiel herablaufende Lamellen. Roh duftet er nach Aprikosen und hat einen scharfen, pfefferartigen Geschmack. Ausgewachsen ist er von trichterförmiger Gestalt. Am besten schmecken die kleinen Exemplare mit rundem Hut und eingebogener Krempe. Selten sind Pfifferlinge von Maden befallen. Importe aus Jugoslawien und Kanada können wurmig sein. – Die **Himbeere**, *Rubus idaeus,* ist seit prähistorischer Zeit als Wildfrucht beliebt. Sie entwickelt ihre stacheligen Ranken an Waldrändern und auf Kahlschlägen. Sie ist strenggenommen keine Beere, sondern eine Steinsammelfrucht. Anders als die verwandte Brombeere wurde die Himbeere schon um 350 n. Chr. in Kultur genommen. Nördlich der Alpen wurde sie um 1570 in den Gärten heimisch. Elsholtz spricht bereits von Pflanzungen, kleinen Weinbergen ähnlich. Auch lobt er die herzstärkende Kraft von Himbeerwasser, -saft und -essig.

Manche Melonen schmecken wie Gurken. Kein Wunder, sie sind Verwandte. Der Hochsommer ist für Zeitungsleute Sauregurkenzeit, in der Küche ist der August die Hochsaison für Gurken und Melonen. Der Duft frischen Gurkensalats machte mir schon immer Riesenappetit. Gurkensalat darf ruhig »wässrig« sein, ich drücke das erfrischende Gurkenwasser nicht aus. Ob nur mit Essig, Öl und etwas Knoblauch oder mit Dill und Sauerrahm, ist er die wahre Erfrischung an einem heißen Sommertag.

Und der Duft reifer Cavaillon-Melonen weckt die Erinnerung an die Märkte der Provence. Reif, gut gekühlt, mit einem Schuß Portwein oder Muscat de Rivesaltes beträufelt ist die Melone die einfachste Vorspeise im Sommer. Man kann sie natürlich auch mit Parmaschinken dekorieren. Noch besser ist eine kalte Suppe von Melonen: Die Melonen halbieren, Kerne und Fäden in ein Sieb auskratzen und ausdrücken; diesen aromatischen Saft sollte man nicht verschwenden. Mit einem Kugelausstecher 5 Kugeln pro Portion ausstechen und kaltstellen. Das restliche Melonenfleisch ausschaben und mit dem Saft, Joghurt und etwas weißem Portwein mixen. Mit Salz, Pfeffer und etwas Cayenne pikant abschmecken. Vor dem Servieren kühlen und frisch gehackte Minze unterrühren. Mit den Kugeln und Minzblättern dekorieren. Wer mag, kann auch Krabben oder Krebsschwänze dazugeben.

Aus Gurken läßt sich ebenfalls schnell ein erfrischendes Süppchen zaubern. Geschälte Gartengurken entkernen. Einen Teil des Fruchtfleisches in kleine Würfel schneiden. Den anderen Teil mit Joghurt, etwas entfetteter Hühnerbrühe, Salz, Pfeffer, Dill und einem Schuß Pastis gut mixen. Mit Gurkenwürfeln, saurer Sahne und gezupftem Dill servieren.

Und wollen Sie verwöhnte Gäste überraschen, reichen Sie mein »St. Petersburger Süppchen«: In eine Tasse einen Löffel Kaviar geben, dann kleine Würfel von rohem Lachs und Räucherlachs und obenauf ein paar Gurkenwürfel. Die kalte Suppe darüber und als letzte Schicht etwas Sauerrahm angießen. Den Gästen nichts verraten und auf die Wirkung warten.

Noch eine Vorspeise: Flußkrebse und Cavaillon-Melone in Gelee von Muscat de Rivesaltes. Melonenfleisch in Scheiben schneiden und in einer Terrinenform auslegen. Darauf Krebsschwänze schichten. Es geht

Melone oder Gurke

Melone oder Gurke

auch mit Krabben-, Hummer- oder Langustenfleisch. Dann wieder
Melonenscheiben und so fort, bis die Form fast gefüllt ist. In einem halben Liter gut gewürzter heißer Hühnerbrühe 12 Blatt eingeweichte Gelatine auflösen. Einen halben Liter Muscat de Rivesaltes zugeben, es
kann auch Sauternes oder ein guter deutscher edelsüßer Weißwein sein,
und abgekühlt in die Form gießen. Gut durchkühlen und festwerden
lassen. Zum Stürzen die Form kurz in heißes Wasser tauchen. Mit einem scharfen Messer daumendicke Scheiben abschneiden. Joghurt, mit
etwas Olivenöl, Salz und frischer Minze verrührt, ist eine ideale Sauce
dazu. Mit einem kleinen Salat servieren.

Die **Gurke**, *Cucumis sativus,* stammt wohl aus Indochina. Schon die Griechen kannten sie. Die Cucumis des Vergil war vielleicht eine Gurke, vielleicht auch eine Melone. Karl der Große führte sie im Fränkischen Reich ein. Und trotz geringen Nährwerts, sie besteht zu 97 Prozent aus Wasser, wurde sie bald überall gezüchtet. Berühmt sind eingelegte Gurken aus Znaim in Mähren, Lübbenau im Spreewald, Frühgurken der Lausitzer Wenden. Die slawische Küche ist ohne Salzgurken undenkbar. Und die koschere Küche kommt auch im New Yorker Deli nicht ohne Dillgurke aus, ob zu Eierzwiebel, gehackter Hühnerleber oder Pastrami-Sandwich oder nur zum Wodka ist sie ein Muß. – Die **Melone**, *Cucumis melo,* auch *Melo sativus,* unterscheidet sich von der Gurke durch einen höheren Zuckergehalt. Es gibt viele Varietäten. Die Cavaillon-Melone ist gelbgrün mit orangenem Fruchtfleisch. Es gibt gelbschalige mit grünem Fleisch, grüne mit gelbem Fleisch. Hervorragend sind bei uns kaum bekannte Sorten aus Persien. Eines haben alle gemeinsam: Sie müssen reif gepflückt werden. Sie reifen, wenn sie geerntet sind, nicht nach. Ihr Zuckergehalt nimmt sogar ab. Sie werden weicher, nicht reifer. In Frankreich sagt man, drei Dinge vertragen das Mittelmaß nicht, die Dichtkunst, der Wein und die Melone.

Sollten Sie eingelegte Gurken lieben, hier noch ein Rezept der polnischen Freundin. 5 kg makellose, mittelgroße Einmachgurken, die hart und knackig sind und nicht gedüngt sein sollen, gründlich waschen. Diese Menge ergibt etwa 5 große Gläser. Zur Würzung brauchen Sie noch 3 Knollen Knoblauch, 3 geputzte und in Stücke geschnittene Meerrettichstangen und 3 Bund Dillkraut mit Samen. Auf den Glasboden einen Dillzweig legen, einige Meerrettichstücke und 3 grob zerhackte Knoblauchzehen. Die Gurken senkrecht hineinstellen, wieder Dill, Meerrettich und Knoblauch dazu, dann wieder Gurken, undsoweiter. Kochendes Wasser, kräftig gesalzen, in die Gläser gießen, bis die Gurken ganz bedeckt sind. In eine flache Schale gestellt, in der Küche vier oder fünf Tage stehen lassen. Wenn die Gärung beginnt, zeigt sich oben eine weiße Schicht, »Kahm«, und das Wasser läuft über. Danach die Gläser verschließen und kühl und dunkel aufbewahren. Die Gurken sind maximal ein halbes Jahr haltbar. Sollten Sie Salzgurken und Knoblauch lieben, werden Sie süchtig. Und vielleicht Ihrer Umgebung lästig. Ich liebe sie alle, die Salzgurken, die Essiggurken, die Senf- und Pfeffergurken, nach dem Motto: Saure Gurken sind schließlich auch Kompott.

Kalbsleber mit Schwarzen Johannisbeeren

W ie sich die Zeiten ändern! Früher war die Kalbsleber eine ausgesuchte Delikatesse, heute wird sie nur mit Vorsicht genossen. Lassen Sie sich von Ihrem Metzger fingerdicke Scheiben schneiden, die Haut und die weißen Gefäße entfernen. Die Leber pfeffern, in Mehl wenden und einige Salbeiblätter andrücken. In Olivenöl mit einem Löffel Butter auf beiden Seiten je 2 bis 3 Minuten braten. Ich bestäube die Leber mit etwas Puderzucker, die Kruste karamelisiert und wird knusprig. Auch brate ich für jede Portion eine Scheibe Räucherspeck mit, bis sie kroß ist. Die Leber mit dem Salbei und dem Speck warmstellen. Das Bratfett abgießen und den Bratensatz mit einem Schuß Johannisbeeressig ablöschen. 3 dl Kalbsfond und 1 dl Creme de Cassis angießen und kräftig einkochen. Ist die Soße zu süß, mit dem Essig korrigieren. Frische schwarze Johannisbeeren abstreifen und den Blütenansatz entfernen. Kurz in der Soße erwärmen. Die Kalbsleber auf der Soße servieren.

Vielleicht mit einem Kartoffel-Sellerie-Püree. 300 g Selleriewürfel in gesalzener Milch weichkochen und mit dem Mixstab pürieren. 600 g Kartoffeln kochen, abdämpfen und durch die Kartoffelpresse ins heiße Selleriepüree drücken. Mit dem Schneebesen durchschlagen und dabei 100 g Butter einarbeiten.

Sie können die Kalbsleber auch im Ganzen zubereiten. Eine gehäutete Kalbsleber von 600 bis 800 g mit in Salbei gewälztem Speck oder Rosmarinspeck spicken (gibt es in italienischen Spezialitätengeschäften). In einem passenden Gefäß über Nacht in einem Liter Weißwein mit einem Löffel Zucker und einigen Lorbeerblättern marinieren. Die trockengetupfte Leber in einer Kasserolle dann in Butter anbraten, auf eine Scheibe Speck setzen, mit einer zweiten Scheibe abdecken und mit einem Teil der Marinade begossen etwa 50 Minuten bei 180 Grad im Ofen garen. Heiß oder kalt in Scheiben schneiden.

Dazu paßt unsere Johannisbeersoße oder ein Chutney aus Perlzwiebeln und schwarzen Johannisbeeren. 200 g Perlzwiebeln in Butter anbraten und mit einem Löffel Zucker ankaramelisieren, mit Johannisbeeressig und Johannisbeerlikör ablöschen und 300 g gezupfte Beeren dazugeben, mit Zimt, Kardamom und ordentlich Pfeffer würzen, aufkochen. Paßt warm und kalt zur warmen oder kalten Leber.

Haben Sie einen Rest von der rohen Leber, ist schnell eine Paté hergestellt. Eine feingehackte Zwiebel in 50 g Butter glasig und weich dünsten, ohne daß sie Farbe bekommt. 150 g Leber in Stücken mitdünsten und mit je einem Schuß Brandy und Marsala ablöschen und garköcheln lassen. Gut salzen und pfeffern. Abkühlen lassen, pürieren und durch ein Sieb streichen. 100 g Butter in diese Masse vorsichtig einrühren. In eine Form füllen und durchkühlen lassen.

Und für die Leberspießchen auf toskanische Art Würfel von 3 bis 4 cm Kantenlänge schneiden, pfeffern und salzen, mit einem Salbeiblatt in Schweinenetz wickeln. Diese Stücke abwechselnd mit Zwiebel- und Paprikascheiben, Fenchelwurst oder Salsiccia auf Holzspieße stecken. Ein paar Scheiben Steinpilze dazwischen sind die Krönung. Auf dem Grill braten oder in Olivenöl in der Pfanne. Dann im Bratensatz Tomatenwürfel schwenken, mit einem Schuß Balsamessig abschmecken.

⚜

Die **Kalbsleber**, vor allem die Leber des Milchkalbs, ist eine der feinsten Innereien mit hohem Gehalt an Calcium und Eisen, vielen Vitaminen, vor allem der Gruppe B. Den Griechen galt die Leber als Sitz des Mutes. Viele Naturvölker verzehren die Leber roh. Bei uns wandert sie meistens in die Wurst. Doch Kalbsleberwurst wird nicht nur aus Kalbsleber hergestellt. Dafür enthalten viele Gänseleberprodukte mehr Kalbsleber, als man glauben möchte. – Die **Schwarze Johannisbeere**, *Ribes nigrum*, steht im Schatten ihrer roten Verwandten. Etwa seit dem fünfzehnten Jahrhundert wurden in Dänemark und dem Baltikum Johannisbeeren kultiviert und dann bald in den Gärten der gemäßigten Klimazone heimisch. Die schwarze Art wird von manchen wegen ihres strengen Geschmacks nur als Basis des Cassislikörs geschätzt. Als Saft oder in Branntwein eingelegt, hilft sie nicht nur vorbeugend gegen Gicht, weshalb sie auch Gichtbeere genannt wird. Sie hat auch einen höheren Vitamingehalt als ihre roten Schwestern. Duft und Geschmack dieser Beere finden sich im roten Bordeaux und im Weißwein von der Ruwer wieder.

Sollten Sie Ihren Johannisbeeressig selbst herstellen wollen, einfach 1 kg schwarze Johannisbeeren mit einem Liter Rotweinessig in ein Glas geben und mit einem Deckel verschließen. Vier Wochen im Sonnenlicht stehenlassen. Dann durch ein Sieb passieren und 15 Minuten einköcheln. In sterilen Flaschen verschlossen und dunkel aufbewahren. Sollte die Ernte im Garten größer ausgefallen sein, können Sie ein Konfekt bereiten. 3 kg der Beeren mit dem Saft einer Zitrone in einer Schüssel zerdrücken und einige Stunden stehenlassen. In einem Edelstahltopf bei kleiner Hitze etwa 20 Minuten weichköcheln, dann durch ein Sieb streichen. Das Püree mit feinem Zucker im Verhältnis 2 zu 1 verrühren, bis sich der Zucker aufgelöst hat. Dann 30 Minuten einkochen, bis die Masse sich fast wie ein Teig verdickt. Auf ein feuchtes Backblech streichen und mit feuchtem Backpapier bedeckt 36 Stunden stehenlassen. In Rauten oder Quadrate schneiden und in feinstem Kristallzucker wälzen. Das Konfekt nun noch nachtrocknen lassen. Wie Quittenbrot trocken und mit Backpapier zwischen den Lagen in Dosen aufbewahren.

Den besten Cassislikör findet man in Beaune. Ein Schuß dieser Crème de Cassis mit Aligoté aufgefüllt, ergibt den Kir. Mit kaltem Beaujolais heißt das Getränk im Lyonnais »Communard«. Sante!

Tomaten und Ketchup

❧

Noch vor knapp hundert Jahren berichtet der Wiener Autor des Appetitlexikons irritiert: »In Spanien verspeist man die Tomate sogar roh, indem man sie in horizontaler Richtung in der Mitte zerschneidet und dann beide Hälften mit Salz bestreut« Da würde er sich heute wundern, welche Mengen Caprese, Tomaten mit Mozzarella, auf jeder Party verzehrt werden. Für unsere Enkel ist es wahrscheinlich ein typisch hamburgisches Gericht. Und Ketchup zum Hamburger ist da fast schon Muttermilch. Dabei war um 1860 der amerikanischen Hausfrau noch geraten worden, Tomaten mindestens drei Stunden zu kochen, um die Gifte abzubauen. Vielleicht entstand ja damals schon das Ketchup. Eingekochte Tomaten, in Flaschen abgefüllt, haben in Neapel und Sizilien schon seit zweihundert Jahren Tradition. Es könnte auch diese Conserva der Einwanderer gewesen sein, die in der schönen neuen Welt zum Ketchup wurde.

Mit Grauen erinnere ich mich an säuerliche, fade Tomatensuppen im Internat. Ein kleines Tütchen mit italienischer Gewürzmischung brachte die Wende. Mal ehrlich, haben wir nicht alle mit Miracoli angefangen? Für eine schlichte Tomatensauce 2 Zwiebeln, 6 Knoblauchzehen und Stangensellerie mit 2 Lorbeerblättern, Thymian, Rosmarin oder frischem Oregano in Olivenöl anrösten. 4 Eßlöffel Tomatenmark mit anbraten und 2 kg reife Tomaten dazugeben, geviertelt und ohne Strunk. ½ Liter Weißwein angießen, kräftig salzen, pfeffern, einen Löffel Zucker, frisches Basilikum und einige Stücke Zitronenschale mitkochen. Nach 30 Minuten Kochzeit durch die Flotte Lotte drehen.

Für meine »Suppe von Tomaten und Orangen mit Basilikum« genau so verfahren. Nur füllen Sie bei 2 kg Tomaten mit 1 Liter Orangensaft auf und kochen 5 bis 6 mit Schale zerschnittene, unbehandelte Orangen mit, außerdem einen Bund Basilikum, 2 Chilischoten und 5 Sternanis. Die Suppe durchs Sieb drehen. In jeden Teller einen Löffel gehäutete Tomatenwürfel, 4 Orangenfilets und gezupfte Basilikumblätter geben, mit abgeriebener Orangenschale und Pfeffer würzen. Diese Suppe schmeckt warm, an heißen Tagen auch geeist.

Zum Häuten die Tomaten oben kreuzweise einschneiden. Eine halbe Minute in kochendes Wasser geben und sofort in Eiswasser abschrekken. Die Haut läßt sich dann ganz leicht abziehen. Die Tomaten hal-

Tomaten und Ketchup

Sollten Sie Ihre getrockneten Tomaten selbst herstellen wollen, häuten und entkernen Sie die Tomaten wie beschrieben. Die Tomatenhälften auf ein geöltes Backblech legen. Mit Thymian, Knoblauch und Salz würzen, mit Olivenöl beträufeln. Bei 70 Grad im Backofen 2 ½ Stunden trocknen lassen, die Tür einen Spalt offenhalten. Diese »confierten Tomaten« heben jede Tomatensoße oder Suppe im Geschmack, sind leckere Beilage und ein ungewöhnliches Antipasto. Sie sind jedoch nicht haltbar wie die Sonnengetrockneten. Die getrockneten Tomaten, die Sie hier kaufen können, sind meist in Öl eingelegt. In Ligurien und Süditalien finden Sie auch getrocknete Tomaten lose, nicht in Öl. In gutem Öl selbst eingelegt und nach eigenem Geschmack gewürzt, sind sie nach einigen Wochen besser, ergiebiger und preiswerter als die konfektionierte Ware.

Sollten Sie in Ihrem Garten zum Abschluß der Saison noch grüne Tomaten haben, bereiten Sie eine Konfitüre oder ein Chutney. Grüne Tomaten häuten und entkernen. In Viertel schneiden, mit Salz bestreuen und 2 bis 3 Stunden entwässern lassen. Für die Konfitüre 1 kg Tomatenfleisch mit 300 g Zucker und 200 g Bitterorangenmarmelade einkochen, bis sich die Masse vom Topfboden löst. Schmeckt gut zu Parmesan, altem Gouda, Sbrinz und ähnlichen Käsen. Fürs Chutney 1 kg Tomatenfleisch mit 250 g braunem Zucker, 4 Knoblauchzehen, frischen Chilischoten, 1 Löffel geriebenem frischem Ingwer, 2 dl Balsamessig, etwas Muskatblüte, Zitronenschale und Kardamom langsam aufkochen und 1 Stunde bei kleiner Hitze eindicken. Öfters umrühren und in sterile Gläser füllen.

bieren, Kerne entfernen. Haut und Kerne können Sie für eine Tomatensoße oder einen Fond verwenden. Das Fruchtfleisch in Würfel geschnitten nennen die Köche Tomaten-Concassé.

Dieses Concassé mit Salz, Pfeffer, frischem Basilikum, gehackter Chilischote, Knoblauch und Frühlingszwiebeln vermischt, mit einem Schuß Rotweinessig oder Balsamico und einer Prise Zucker gewürzt, mit einem guten Olivenöl verrührt, ergibt eine Tomaten-Vinaigrette. Paßt als Sauce, kalt oder lauwarm, zu gebratenem Fisch, gegrilltem Fleisch. Würzt ein Carpaccio, eine geröstete Brotscheibe oder ist die sommerliche Sauce zu Spaghetti insalata. Man kann die Vinaigrette mit Kapern, Oliven und anderem nach Belieben variieren.

Noch eine sommerliche Vorspeise: Terrine von Ziegenkäse und getrockneten Tomaten. 500 g frischen Ziegenkäse ohne Haut in ½ Liter heißer Milch und 1 dl Olivenöl cremig rühren, pfeffern und 6 Blatt Gelatine darin auflösen. Sodann in 1 Liter heißer Tomatensauce 10 Blatt eingeweichte Gelatine verrühren und 300 g getrocknete Tomaten, 5 Knoblauchzehen und einen Löffel Thymian, alles feingehackt, untermischen. In eine Terrinenform Tomatenmasse 1,5 cm hoch einfüllen und im Kühlschrank oder auf Eis erstarren lassen. Dann eine Schicht Käse vorsichtig daraufgeben und festwerden lassen. Abwechselnd so weiterverfahren. Gut durchkühlen, stürzen und in Scheiben schneiden. Mit Salaten und Oliven servieren.

✺

Die **Tomate**, *Solanum lycopersicon,* gelangte mit der Kartoffel aus der Neuen Welt zu uns. Wie diese gehört sie zur Familie der Nachtschattengewächse und stand ebenso im Ruf, giftig zu sein. Von den Inkas als tumatl gesammelt und gezüchtet, verbreitete sie sich bis nach Mexiko. Die Spanier brachten sie nach Europa. In Italien wurde sie 1544 erstmals als Goldapfel, *mela aurea,* beschrieben, denn die Urform ähnelte wohl eher einer gelben Kirschtomate. Als Paradies- und Liebesapfel regte die Tomate zwar die Phantasie, nicht aber die Kochlust an. Seit

1560 experimentierten mutige Neapolitaner mit dieser Frucht. Und 1743 beseitigten furchtlose Sizilianer alle Zweifel an ihrer Genießbarkeit und züchteten bereits verschiedene Sorten. Nach Nordamerika kam sie 1812 als Kulturform von Europa zurück. Paris lernte sie nach der Revolution kennen. In Deutschland fand sie erst in diesem Jahrhundert Verbreitung, in Holland ihre Bestimmung. Dort schmeckt sie vielleicht schon wieder wie die Urform, die unsere Vorfahren für ungenießbar hielten.

Hummer-Couscous

※

Rabelais nennt den Hummer den Kardinal der Meere. Jedenfalls übertrifft er alle verwandten Krustentiere an Wohlgeschmack. Meister Elsholtz gibt allerdings, wie auch die Zecher in Fontanes Roman »Frau Jenny Treibel«, dem Flußkrebs den Vorzug gegenüber dem Meereskrebs und berichtet, »daß man die Schwänze nicht gern isset, sondern nur das inwendige gelbe und die Scheren«. Vielleicht haben unsere Vorfahren den Hummer aber nur zu lang gekocht.

Am besten schmeckt er frisch gefangen, in Meerwasser gekocht. Tiere bis 500 g brauchen etwa 12 Minuten, 1 kg schwere 20 Minuten und große 30 bis 35 Minuten, wenn Sie den Hummer aus dem Sud nehmen und abschrecken. Falls Sie, wie es Walterspiel empfiehlt, den Hummer im Sud abkühlen lassen, verringert sich die Kochzeit um 5 Minuten. Lauwarm, mit etwas Zitrone, frischgestoßenem Pfeffer und zerlassener Butter, so bereitete ich mir meinen ersten Hummer. Der Vermieter unseres Ferienhäuschens am Point du Raz war Fischer und brachte ihn mir zum Geburtstag in einem Korb, mit Farn und Ginster ausgelegt. Strahlend blau mit weißen Sprenkeln saß er aggressiv zwischen den Blättern. Als uns der Fischer erklärte, daß dieser prächtige Bursche wohl auch fünfundzwanzig Jahre alt sei wie ich, begannen Diskussionen, ob er im Kochtopf landen solle oder in der Freiheit. Kulinarische Argumente siegten über ideologische Bedenken und nach einem entschuldigenden Gebet ereilte ihn sein Schicksal.

Später verzehrte ich noch manchen Hummer, à l'americaine oder l'armoricaine, schwer und mächtig, oder roh zerteilt und gegrillt, was ganz hervorragend schmeckt, aber bei uns verboten ist. Ich war enttäuscht von Hummer Thermidor, überrascht von Hummer in einer Sauce aus Sauternes und Vanille und begeistert von einem Hummer im Taillevent, dessen leichter Fond mit einer marokkanischen Gewürzmischung abgeschmeckt war und von Couscous-Gemüsen begleitet wurde. Das war mir Anregung für meinen Couscous vom Hummer.

Pro Person einen Hummer von 600 bis 800 g ins stark kochende Wasser geben. Nach 14 bis 17 Minuten herausnehmen und in kaltem Wasser abschrecken. Scheren und Schwanz ausbrechen. Das Corail und die Leber herauskratzen und anderweitig verwenden. Magensack, Darm und Kiemen entfernen. Die Karkassen im Backofen 15 Minuten antrocknen lassen, in heißem Olivenöl anrösten und mit einem Glas Cognac ablöschen. 100 g Schalotten, 5 Knoblauchzehen, 2 Möhren, 1 Stangensellerie und 1 Stange Lauch in Öl anbraten, dann 2 Lorbeerblätter, Pfefferkörner, 4 Wacholderbeeren, reichlich frischen Thymian und 2 Löffel Tomatenmark dazugeben und 5 Minuten weiterbraten. Die Karkassen und 5 oder 6 zerschnittene Tomaten beigeben, mit Wasser aufgießen und eine Stunde kochen lassen. Zwischendurch den Schaum abschöpfen und mit Wasser nachfüllen. Den Fond durch ein Sieb gießen, den Rückstand gut ausdrücken.

Couscousgrieß »moyenne«, also von mittlerer Körnung, etwa 150 g für 4 Personen, mit 2 Löffeln Olivenöl und 4 Löffeln Hummerfond durchfeuchten, aufquellen lassen und mit den Händen wieder krümelig reiben. In dem mit einem Mulltuch ausgeschlagenen Sieb des Couscoustopfs den Grieß über dem Dampf des Hummerfonds garen, bis er weißlich und weich ist. Ein bißchen al dente und krümelig sollte er bleiben.

Oder Sie bereiten den Grieß nach der schnellen Methode, wie auf der Packung angegeben, und verwenden als Flüssigkeit den Hummerfond. Den heißen Grieß in ein gebuttertes Förmchen füllen, leicht andrükken und auf den Teller stürzen. Die ausgebrochenen Scheren und halbierten Schwänze kurz in der Pfanne in Olivenöl anbraten, mit Harissa und zerlassener Butter bepinseln und 5 Minuten im Ofen fertig garen. Um den Couscousgrieß herum anrichten. Für die Sauce Hummerfond mit etwas Harissa und Ras el Hanut (oder je einer Prise Zimt, Kardamom und Ingwer) einkochen und zum Schluß frische Korianderblätter und Tomatenwürfel zugeben. Dazu vielleicht ein Gemüse aus Paprika, Zwiebel, Zucchini, Karotten mit Tomaten, gekochten Kichererbsen und frischer Minze geschmort.

Sollten Sie noch reichlich Hummerfond übrig haben, bereiten Sie eine Hummersuppe. Fond mit Sahne kräftig einkochen. Die Lebern und das Corail mit Butter und einem Löffel Mehl gut verrühren, die Suppe damit binden. Aufkochen lassen und mit dem Mixstab durchschlagen. Mit Salz, Pfeffer, Cayenne und Cognac abschmecken und mit einem Löffel geschlagener Sahne pro Portion servieren.

Sollten Sie wieder in Paris sein, besuchen Sie den Gewürzladen von Izrael im Marais, 30 rue François-Miron. Dort finden Sie neben sehr exotischen Gewürzen aus aller Welt auf jeden Fall Couscousgrieß, von der feinsten Sorte bis zum fast erbsendicken Plin-Plin. Auch führt er verschiedene Harissa- und Ras-el-Hanut-Mischungen. Wollen Sie Ihr Ras el Hanut selbst herstellen, hier eine einfache Version. Mahlen Sie im Mörser oder in der Gewürzmühle 4 Nelken, 4 Kardamomkapseln, je 1 Teelöffel schwarzen Pfeffer, Ingwer, Kreuzkümmel, Zimt und Korianderkörner und geben noch eine Messerspitze Muskat und Cayenne dazu.

Sollten Sie sich für Hummer und Krustentiere besonders interessieren, empfehle ich das Teubner-Küchenlexikon »Shrimps, Hummer und Langusten«, Verlag Gräfe und Unzer, mit einer exzellenten Warenkunde von Michael Türkay und wunderbaren Rezepten vom Meister Witzigmann.

Der **Europäische Hummer**, *Homarus gammarus*, trägt wie sein amerikanischer Bruder, *Homarus americanus*, sehr große, kräftige Scheren. Die dickere ist die Knackschere, die schlankere die Zwickschere. Hummer fressen Muscheln, Krabben, Fische, beinahe alles, auch Aas. Der Amerikaner hat etwas breitere Scheren und sieht gedrungener aus. Atlantikhummer sind oft wunderbar blau gefärbt und wirken schlanker. Ein sicheres Unterscheidungsmerkmal ist der Dorn auf der Unterseite des Stirnhorns, den nur der amerikanische Hummer besitzt. Der europäische ist seltener auf dem Markt und extrem teuer. Hummer wachsen langsam. Sie sind erst nach fünf Jahren geschlechtsreif, bei einer Körperlänge von etwa 20 cm und 500 g Gewicht. Sie haben sich bis dahin schon fünfundzwanzigmal gehäutet. Für den Hummerfang gibt es Schutzvorschriften, damit die Bestände nicht noch geringer werden. Die Mindestgröße bestimmt sich an der Länge des Rückenpanzers und beträgt in manchen Ländern 8, in anderen 9 cm. Prachtexemplare von 60 cm Körperlänge und 6 kg Gewicht sind mehr als 60 Jahre alt. Hummer werden in Reusen gefangen, die meist mit Meeraal beködert sind. Hauptfanggebiete sind die Küsten Irlands und Norwegens, die französische und portugiesische Atlantikküste, die amerikanische Ostküste von Neufundland bis North Carolina. Hummer lassen sich, in feuchter Holzwolle verpackt und gekühlt, gut transportieren. Bei der Hälterung in Meerwasserbecken verlieren sie an Gewicht, sie verzehren sich selbst. Sie sollten also nicht zu lang im Aquarium des Fischgeschäfts sitzen. Ein frischer, fleischreicher Hummer liegt schwer in der Hand. Hauptsaison für Hummer sind die Sommermonate, Mai bis September.

Opa Löffler und König Faruk hatten dasselbe Laster. Beide verspeisten mit Leidenschaft junge Tauben. Der König hielt sie für den Quell seiner Potenz und ließ sich noch im römischen Exil täglich Tauben-Consommé servieren. Dankesschreiben seiner Geliebten sind nicht überliefert, aber das Rezept der Großmutter, mit dem sie ihren Mann bei Laune hielt, ist in unserer Familie weitergegeben worden.

Die Täubchen aus dem eigenen Schlag kamen gefüllt auf den Tisch, mit einer Sauce, die »Füllbrühe« genannt wurde. Die jungen Tauben ausnehmen, innen und außen salzen, pfeffern. Lebern, Herzen, die geputzten Mägen und noch zwei, drei Hühnerlebern feinhacken. Zwei Brötchen vom Vortag würflig schneiden und in 3 dl Milch einweichen. Eine Zwiebel feinhacken und in Butter glasig dünsten. Die gehackten Lebern, mit den eingeweichten Brötchen, der Zwiebel und zwei Eiern verrühren. Mit Salz, Pfeffer, Muskat, feingewiegter Petersilie und frischem Majoran würzen. Einen Teil der Masse locker in die Täubchen füllen und zustecken.

Die Vögel rundum in einer Kasserolle in Butter anbraten. Die Hälse der Tauben, ein paar Hühnermägen und -flügel mit anbraten. Oma Löffler röstete noch eine kleingehackte alte Taube für die Soße mit an. Zwei Zwiebeln mit der Schale und einen Bund Suppengrün dazugeben, mit Hühnerbrühe ablöschen. Bei sanfter Hitze, etwa 160 Grad, anderthalb Stunden im Ofen garen, oft mit Brühe begießen. Das gibt keine blutigen oder rosa Tauben, wie sie in der französischen Küche üblich sind.

Meine Großmutter ließ die Tauben auch länger im Rohr. Durch die sanfte Hitze des Kohleofens wurden sogar die Knochen weich. Auf Opas Teller blieben nur die beiden Schenkelknochen übrig.

Der Pfiff bei diesem Gericht ist die Sauce. Die Tauben aus der Kasserolle nehmen und den Fond durch ein Sieb gießen. Den Bratensatz mit etwas Bier lösen und den Fond zurückgießen. Die restliche Füllung nun in die heiße Sauce geben, bis die Füllung stockt. Ein Teil der Sauce wird fest, ein Teil bleibt klarer Bratensaft. Dazu schmecken rohe Kartoffelklöße und Gurkensalat, mit Rahm und Schnittlauch angemacht. Wenn Sie Tauben nicht mögen, probieren Sie dieses Rezept mit einem Hühnchen. Ein junges Bauerntäubchen ist sowieso nicht leicht zu finden.

Täubchen im Nest

Täubchen

Fragen Sie nicht gerade den Brieftauben züchtenden Nachbarn. Französische Masttäubchen sind ein recht guter Ersatz. Ein kräftiges Märzenbier paßt dazu, es kann aber auch eine Riesling Spätlese trocken aus einer guten Würzburger Lage sein.

Eine Bresse-Taube sollten Sie gut gewürzt von allen Seiten anbraten und mit Röstgemüsen und etwas Geflügelfond für 15 Minuten in den 220 Grad heißen Ofen schieben. Herausnehmen und auf der Brustseite ruhen lassen. Den Bratensatz loskochen und durch ein Sieb gießen. Brüste und Schenkel tranchieren und den austretenden Saft mit einem kräftigen Schuß gutem Aceto Balsamico zum Bratfond geben. Die Sauce reduzieren. Mit frischen Erbsen oder Zuckerschoten ein Küchenklassiker. Als Wein schlage ich in diesem Fall einen Clos de la Roche von Dujac oder einen kräftigen Côte Rôtie vor.

Für König Faruks Tauben-Consommé braucht es keine jungen Täubchen. Drei alte Suppentauben, die Brüste ausgelöst und beiseitegestellt, kleinhacken und in Öl mit Zwiebel, Knoblauch, Suppengrün, Lorbeerblatt, Thymian, 4 Champignons, 2 Tomaten und 1 Löffel Tomatenmark gut anrösten, mit ½ Liter Weißwein und 1 Liter Wasser aufgießen. Anderthalb Stunden köcheln lassen. Durch ein Sieb gießen und kaltstellen. Am nächsten Tag entfetten. Vier der Taubenbrüste, 1 Zwiebel, Karotte, etwas Sellerie und 2 Tomaten fein hacken und mit 6 Eiweiß, 4 Sternanis, frischem Ingwer und Pfefferkörnern verrührt mit einer Handvoll Eiswürfeln in die kalte Brühe geben. Langsam zum Kochen bringen und bei kleiner Hitze eine Stunde köcheln lassen, ohne umzurühren. Die Klärmasse bildet eine feste Matte auf der Brühe und die Suppe wird klar. Die Matte herausheben und die Brühe durch ein Sieb und ein Passiertuch abgießen. Die goldfarbene Brühe mit etwas Madeira oder Oloroso-Sherry einkochen und mit Salz abschmecken. Die restlichen zwei Brüste würzen und in Öl braten, saignant, noch blutig. Die Suppe mit Streifen der Taubenbrust dem Ehemann servieren und abwarten, was so passiert.

Sollten Sie in der Toskana gegrillten Tauben begegnen, sind die fast immer zäh oder versalzen. Anders in Montemerano in der Maremma. Dort hat der Winzer und frühere Rennfahrer Erik Banti in einer alten Ölmühle ein Lokal eingerichtet. In entspannter Atmosphäre und zu freundlichen Preisen wird traditionelle Kost serviert, darunter Tauben aus Bantis eigener Zucht. Vorsichtshalber anrufen, denn das Lokal hat eigenwillige Öffnungszeiten (Enoteca dell'Antico Frantoio, Piazza Solferino, Tel. 0564–602 615). Doch es gibt in Montemerano noch das Da Caino (602 817), ein Kleinod mit exzellenter Küche und großem Weinkeller, was man in diesem Nest so nicht vermutet. Und manchmal gibt es da auch Täubchen.

Sollte man Ihnen in Marokko Tauben-B'stilla anbieten, greifen Sie zu! Es ist ein Traumgebilde wie aus Tausendundeinernacht: Taubenhackfleisch mit Ei in einem zarten Teig, mit Puderzucker überstäubt. Doch Vorsicht! In manchen Gegenden wird dieses Traditionsgericht kräftig mit Haschisch gewürzt.

Die **Taube**, *Columba livia*, ist, nach dem Huhn, zu einem der beliebtesten unter den gezähmten Vögeln geworden. Tauben werden schon seit mehr als viertausend Jahren gezüchtet. Den Alten galt die Taube als Wappenvogel der Venus, da sie von unerschöpflicher Liebeslust ist und bei richtiger Pflege sechsmal im Jahr Nachwuchs bekommt. Von der Haustaube, einer Tochter der Felsentaube, sind heute etwa hundertvierzig Rassen bekannt. Einen Amsterdamer Ballonkröpfer, eine Pfautaube, eine Sulzer Haube oder eine Lockentaube wird niemand in den

91

Kochtopf werfen. Reif für die Pfanne sind die Täubchen nach fünf Wochen, wenn sie flügge werden. Junge Tauben gelten als leicht verdaulich und waren früher »Krankenkost«. Um 1900 wurden in Wien 750 000 Tauben pro Jahr verzehrt. Heute ist der Taubenschlag bei den Bauern oft leer, aber in den großen Restaurants stehen Täubchen wieder auf der Karte, nicht nur in Frankreich. Leider haben die Stadttauben, die zur Plage geworden sind, den Ruf der Taube ruiniert. Auch die Friedenstaube kann keiner mehr so unbefangen sehen, wie sie Picasso gemalt hat.

Mein Freund Remy, von quadratischer Statur, immer ein Lächeln auf den Lippen, besitzt eine Nase, die begnadeter ist als die des Cyrano. Er kommt aus dem Trentino und war wohl einer der ersten Italiener in Frankfurt. Zur Pilzzeit nimmt er Urlaub. Dann streift er durch den Taunus, Spessart und Odenwald. Tief zieht er die Luft durch diese göttliche Nase ein und erklärt: Hier gibt es Steinpilze. Riechst du es nicht? Er kriecht durchs Unterholz, zieht das Gras zur Seite – und wirklich, kleine feste Pilze mit noch geschlossenen Kappen stehen da! Wenn er sie mir ins Restaurant bringt, hat er sie schon geputzt und den Weidenkorb mit Buchenblättern ausgelegt. Nun ist er hungrig.

Die kleinen festen Exemplare sind ideal zum Rohessen. Mit Küchenpapier säubern. Einen Teller mit Olivenöl bestreichen und mit dem Trüffelhobel die Pilze hauchdünn auf den Teller reiben. Mit etwas Meersalz und grob zerstoßenem weißem Pfeffer bestreuen und mit Olivenöl begießen. Man kann, wenn man will, noch mit Parmesan und Bröseln von hartgekochtem Eigelb würzen.

Danach serviere ich uns Porcini trifolati. Pilze in Scheiben schneiden, mit gehacktem Knoblauch und Petersilie in Olivenöl braten und zum Schluß einen Löffel Butter unterheben. Ich esse die Pilze solo, Remy ißt sie lieber mit frischen Bandnudeln. Ich passe, er nimmt noch ein »Kleines«!

Nun der Risotto. Schalotten und Pilzwürfel in Olivenöl andünsten, Carnarolireis unterrühren, bis er glasig ist, mit heißer Hühnerbrühe auffüllen. Besonders aromatisch wird der Risotto, wenn man ein paar getrocknete Steinpilze in Brühe einweicht und die Pilze und das Einweichwasser für den Risotto mitverwendet. Den Risotto mit etwas Rotwein aromatisieren und, wenn er al dente ist, einen Löffel Parmesan unterziehen. Ich serviere ihn mit ein paar gesondert gebratenen Steinpilzscheiben.

Remy signalisiert Sättigung, und ich erzähle von einer neuen Vorspeise: Lauwarmer Salat von Steinpilzen und Pfifferlingen mit gebratenen Pfirsichen. Das muß er schon noch probieren. Pro Person vier dicke Steinpilzscheiben in Öl anbraten und warmstellen, ebenso vier Pfirsichspalten. Die Randstücke der Steinpilze würfeln und mit einer feingehackten Schalotte, zwei Löffeln geputzten Pfifferlingen und der gleichen

Sollten Sie größere Mengen makelloser Steinpilze gesammelt haben, dann bereiten Sie ein Pilzconfit. Die kleinen Pilze ganz lassen, größere in dicke Scheiben schneiden und nur eine Minute in kochendem Salzwasser blanchieren. Einen Liter Olivenöl oder entsprechend mehr mit 3 Lorbeerblättern, 2 Thymianzweigen, 5 bis 10 Knoblauchzehen erhitzen. Die Pilze für 3 bis 4 Minuten zugeben, vom Feuer nehmen und abkühlen lassen. Die Steinpilze mit den Gewürzen und dem Öl in sterile Gläser füllen. Alles soll ganz vom Öl bedeckt sein. Verschließen, kühl und dunkel lagern. Sie haben dann Steinpilze auch nach der Saison und nebenbei ein hervorragendes Steinpilzöl zum Würzen von Salaten, Fisch- oder Fleischgerichten. Sollten Sie noch Lust auf ein kleines Dessert haben, ein Rezept von Andrea, meinem piemonteser Koch. Gelbe Pfirsiche kurz in kochendem Wasser überbrühen, in Eiswasser abschrecken und die Haut abziehen. Halbieren, die Kerne entfernen. Pfirsichhälften, Innenseite nach oben, in eine gebutterte Form legen. Amaretti-Plätzchen zerbröseln und mit Mandellikör, Zucker und 2 Eigelb verrühren, auf die Pfirsichhälften streichen. Die anderen Hälften daraufsetzen. Weißwein und Amaretto angießen, mit Zucker bestreuen und mit Butterflocken belegt 20 Minuten im Ofen bei 180 Grad backen.

Menge Pfirsichwürfeln braten. Eine Prise Zucker zugeben, salzen, pfeffern und mit einem Löffel Pfirsichlikör und zwei Löffeln Kalbsglace ablöschen. Pilz- und Pfirsichscheiben abwechselnd auf den Teller setzen, das Ragout in die Mitte, alles mit dem Bratfond begießen und mit gehackter glatter Petersilie bestreuen. Remy genießt es und ist eigentlich zufrieden. Es sei denn, erste Alba-Trüffel wären schon da. Aber das hätte diese Nase längst erschnuppert.

Und haben Sie einen Rest oder weniger schöne Steinpilze, dann in einer Öl-Butter-Mischung anbraten, mit etwas Geflügelfond und süßer Sahne aufgießen und einkochen lassen. Mit dem Mixstab pürieren. Separat gebratene Pilzscheiben dazugeben und mit kleinen Semmelknödeln als Ragout oder Suppe servieren. Sie können in der pürierten Masse auch eingeweichte Blattgelatine auflösen, 6 Blatt auf einen halben Liter. Auf Eis kaltrühren und, kurz bevor die Masse fest wird, steifgeschlagene Sahne unterziehen. Gut durchkühlen und mit einem heißen Löffel Nocken von der Steinpilzmousse abstechen. Die Nocken auf gebratenen, abgekühlten Steinpilzscheiben servieren. Solo oder mit lauwarmen Hummerscheiben oder Scampischwänzen auf Salaten eine luxuriöse Vorspeise.

✤

Der **Steinpilz**, *Boletus edulis*, auch Herrenpilz genannt, ist wohl der begehrteste einheimische Pilz. Er wächst in ganz Europa von August bis in den November. Hocharomatische Steinpilze kommen aus den deutschen Mittelgebirgen, den Alpenwäldern, aber auch aus Italien, Frankreich und Nordspanien auf unsere Märkte. Der Steinpilz wächst an Waldwegen und auf Lichtungen im Laub- und im Nadelwald. Besonders liebt er die Nachbarschaft von Buchen. Laubwaldpilze haben dunklere Kappen, semmelblond sind die jungen Pilze und die Exemplare aus Nadelgehölzen. Der Steinpilz gehört zu den Röhrlingen. Die Unterseite der Kappe ist von Poren besetzt, einer Schaumstoffmasse nicht unähnlich. Sie sollten diese Partie bei älteren Pilzen, wenn sie braun bis oliv wird, entfernen. Sie wird beim Zubereiten schmierig. Steinpilze haben einen angenehmen Geruch und auch roh einen feinen, nußartigen Geschmack. Leider gibt es auch andere Liebhaber, nicht nur Schnecken und Wild. Sie nähren ihre Maden im Steinpilz. Den Wurmbefall erkennt man nicht unbedingt von außen, darum den Stiel aufschneiden! Zu denen, die den *Boletus* über alles liebten, gehörte der römische Kaiser Claudius; seine Gattin Agrippina soll ihn, wie Juvenal berichtet, mit einer vergifteten Portion ins Jenseits befördert haben, um ihren Sohn Nero auf den Thron zu setzen. – Den **Pfirsich**, *Prunus persica*, brachten die Römer zu dieser Zeit aus Persien nach Europa, wo er vor allem in Galliens gemäßigterem Klima gut gedieh. Plinius nennt ihn persischen Apfel, doch die wahre Heimat des Pfirsichs ist China. Dort kommt er auch noch in der Wildform vor. Den Chinesen ist er Symbol der Unsterblichkeit, man schenkt ihn Freunden zum Zeichen der Zuneigung. Aus den kleinen Früchten mit wolliger Schale und großem Kern wurden viele Varietäten gezüchtet. Die rotfleischigen Weinbergspfirsiche aus Burgund mag ich besonders gern.

Da Sie den »Bellini« als Aperitif schon kennen, ein Pfirsichcocktail aus dem Perigord. Reife weiße Pfirsiche ohne Haut und Kerne in etwas Pfirsichlikör dünsten und durch ein Sieb streichen. Dieses Mus mit einem Schuß Wodka oder weißem Armagnac und Monbazillac (das ist ein Dessertwein der Gegend) verlängern. Mit Champagner oder Sekt auffüllen.

Aal grün

— ❧ —

In Brüssel soll ich unbedingt Aal mit Sauce verte probieren, rät ein Freund, zum Schrecken meiner Frau. Sie mag keinen Aal und mußte schon manches Mal unter meinen Aal-Abenteuern leiden, im Ebro-Delta zum Beispiel, wo ich Stunden durch die sommerliche Hitze fuhr, weil ich gehört hatte, dort bereite man den Aal auf ganz besondere Weise. Es hat sich nicht gelohnt, ich holte mir nur einen verdorbenen Magen und üble Laune, die meine Frau ertragen mußte. So betraten wir in Brüssel eine wunderschöne Jugendstil-Brasserie mit gemischten Gefühlen. Das Bier schmeckte gewöhnungsbedürftig und Monika bemerkte spitz: Iß du nur deinen Aal! Das Geuze fing an zu schmecken, da wurde der Aal serviert. Er lag in einer grünen Kräutersauce, kalt, aber ausgezeichnet. Hier das Rezept.

Aale ausnehmen und häuten lassen. 1 Kilo Aal reicht für 4 Portionen. Wenn Sie Aale selbst häuten wollen: Am Kopf an einen Haken hängen, die Haut rundum einschneiden und mit einem Tuch oder einer Kombizange fest greifen und mit einem Ruck nach unten abziehen. Aale in 6 cm lange Stücke schneiden und waschen. 100 g Schalotten in etwas Öl und Butter angehen lassen, die Aalstücke mit andünsten und nach 4 Minuten mit 4 dl Weißwein und 4 dl Fischfond aufgießen. Aale in dem Fond garziehen lassen und herausnehmen. Den Fond auf ein Drittel reduzieren und folgende Kräuter feingehackt darin nur einmal kräftig aufkochen: 100 g Spinat, je ein Löffel Kerbel, Petersilie, Dill, Schnittlauch, Sauerampfer, Bohnenkraut und Estragon, ein paar Minzblätter und vielleicht noch etwas Salbei. Das sind die Aalkräuter. Den Saft einer halben Zitrone zugeben, mit dem Mixstab gut durcharbeiten, mit Salz und Pfeffer abschmecken, mit einem Eigelb binden. Die Aalstücke warm oder kalt in dieser grünen Sauce servieren.

Für den, der mit dem fetten Aal Probleme hat, ein Tip von Alfred Walterspiel. Aalstücke 2 bis 3 Minuten in kochendem Salzwasser mit Essig, Lorbeerblatt und etwas Suppengrün blanchieren, herausnehmen und abkühlen lassen. Das entzieht dem Aal schon kräftig Fett. Am Lago Trasimeno kaufte ich junge Aale von der Fischer-Cooperative. Mit Haut, in Stücke geschnitten und zwischen frische Salbeiblätter auf Spieße gesteckt, mit etwas Olivenöl bestrichen und auf dem Grill knusprig gebraten, war das eine meiner besten Aal-Erfahrungen. Die Haut wird

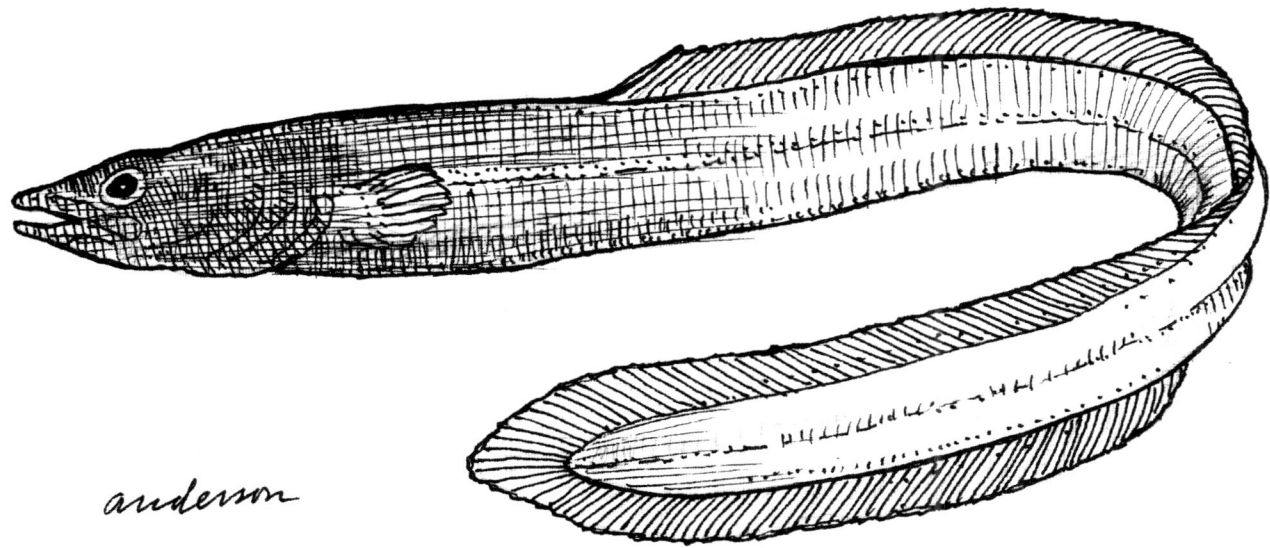

anderson

kroß wie die Schwarte eines Spanferkels, das sie in Umbrien eh meister-
lich bereiten.

Nun noch meine exotische Variante, bei der man wunderbar das Fett
verträgt. Aale wie bei Walterspiel vorher blanchieren. Öl und Sesamöl
in einer Eisenpfanne oder einem Wok erhitzen und unter schnellem
Rühren die Aalstücke mit gehackten Chilischoten, Knoblauch, frischem
Ingwer, Frühlingszwiebeln und eingelegtem Chinakohl braten. Etwas
Zucker einstreuen und mit dunkler Sojasoße und einem Schuß Sake
ablöschen. Die Aalstücke auf Reis servieren, mit der Sauce begossen
und geröstetem Sesam bestreut. Beim Freund Sakamoto san ißt meine
Frau übrigens am liebsten Anago, Sushi-Häppchen mit warmen Aal-
filets belegt, bestrichen mit einer Sauce, die aus je einem Teil Zucker,
Sake, Sojasauce und Wasser eingekocht wurde.

Sollten Sie, wie zwischen Ostende und St. Petersburg üblich, Ihren Aal geräuchert vertilgen, ist das der beste Vorwand, um ordentlich Genever, Aquavit oder Wodka zu trinken. Die Großmutter meiner Frau aß noch mit achtzig zum Frühstück einen ganzen Räucheraal, trotz ihres sonst so empfindlichen Magens, und 100 g Wodka halfen ihr dabei. Sollten Sie in einer Tapas-Bar in Spanien Angulas angeboten finden, so sind das Glasaale, also Aalbrut, die dort an den Küsten gefangen werden. An der französischen Atlantikküste nennt man sie Civelles oder Piballe. Sie werden mit Knoblauch in Olivenöl kochendheiß serviert und mit der Holzgabel gegessen, damit man sich das Maul nicht verbrennt. Die Saison dafür ist von Januar bis in den Frühling.

Der **Aal**, *Anguilla ang.*, ist ein rechter Wandergesell. Ob seines lange unbekannten Brautbetts von Mythen umgeben. Aristoteles war noch der Meinung, Aale seien weder männlich noch weiblich. Juvenal und auch noch Meister Elsholtz halten sie für Verwandte der Schlangen und lassen sie im Süßwasser sich fortpflanzen. Aale haben einen schlangenförmigen Körper, besitzen aber Flossen und unter dem dicken Schleim auf der Haut winzige Schuppen. Die kleinen Glasaale sind weiß, fast durchsichtig. Die kleinen schwarzen Punkte sind die Augen. Im Frühjahr steigen sie vom Meer die Flüsse hinauf und werden gelb, dann Steigaale genannt. Später färbt sich der Rücken oliv und der Bauch bleibt gelb, das ist der Gelbaal. Als Blankaal ist der Rücken dunkel und der Bauch weißsilbrig. Nach vier bis zehn Jahren in Flüssen und Seen zieht der Aal zum Laichen wieder ins Meer. Die Vermehrung betreibt er im Verborgenen, in den dunklen Tiefen des Sargassomeeres. Die Larven treiben dann als Glasaale etwa drei Jahre mit dem Golfstrom an die Küsten. Die Weibchen werden 50 bis 150 cm lang. Die kleineren Männchen bleiben meist in den Brackwassern der Küste. Aale werden in allen Größen frisch, bei uns aber meist geräuchert angeboten. Der früher beliebte Aal in Aspik scheint aus den Fischläden verschwunden zu sein. Auch ein besonderer Räucheraal, der Hamburger Kulpaal, dem man die Haut abzieht, würzt, wieder anzieht und dann räuchert, ist mir noch nicht begegnet. Und das Aalgericht der Madame Briguet, das nach Auskunft Brillat-Savarins selbst den Abbé und auch den Erzbischof in ganz eindeutiger Weise erregte, ist nur insoweit überliefert, daß sie den Aal in Krebssauce mit viel spanischem Pfeffer bereitete.

Wie tröstete sich Herr Karl, als ihn seine Frau allein im Gemeinde-
bau sitzen ließ? Er ging ins Beisl. »Klein's Gulasch, klein's Bier,
geht schon wieder.« Die tröstende Wirkung des Paprikapulvers kam
über die k. u. k. Küche auf uns. Ob Gulyás, Pörkölt, Paprikás, bei uns
geriet es zum Gulasch. Die feinen Unterscheidungen der Magyaren,
nach denen Gulyás die Suppe der gleichnamigen Hirten war, unser Gulasch ein Pörkölt ist und mit Sahne verfeinert Paprikás heißt, störten
den Siegeszug des Gulaschs nicht.

Für ein kleines Gulasch, pardon Pörkölt, 1 kg Rindfleisch aus der Schulter, gewürfelt, und 800 g gehackte Zwiebeln in Schweineschmalz an-
bräunen. 3 Knoblauchzehen, etwas Kümmel und frischen Majoran mit
Salz zerdrücken und dazugeben. Die Hitze reduzieren und 2 Löffel Delikateßpaprika mit anschwitzen. Je 2 gehäutete und entkernte Tomaten
und rote Gemüsepaprika zugeben, mit warmem Wasser aufgießen und
zugedeckt eine gute Stunde köcheln lassen. Gegebenenfalls noch etwas
einkochen und zum Schluß mit Rosenpaprika schärfen.

Gemüsepaprika fanden ihren Weg erst nach dem Zweiten Weltkrieg
mit den ersten »Gastarbeitern« aus Italien und dem Balkan zu uns. Paprika sollten Sie immer häuten. Das macht zwar Arbeit, ist aber magen-
freundlicher. Die Früchte einmal einstechen und auf einem Backblech,
leicht geölt, 15 Minuten bei 180 Grad im Ofen backen, ohne daß die
Haut dunkel wird. Herausnehmen und mit einem feuchten Küchentuch 15 Minuten abdecken. Danach läßt sich die Haut kinderleicht abziehen. Stiel, Kerne und Innenhäute entfernen. In Streifen geschnitten,
mit Knoblauch und ein paar Sardellen gewürzt und mit einem guten
Olivenöl begossen ist das ein herrliches Antipasto.

Das Ganze püriert heißt in der Provence Bagnarot und ist gelb oder rot
ein Dip oder Aufstrich für Croûtons, wie Tapenade oder Achoiade. Bagnarot mit Fischfond verlängert ist eine wunderbare Sauce. In zwei Farben auf dem Teller angerichtet und ein Doradenfilet darauf, mit der
Haut gebraten, ersetzt fast einen Kurzurlaub. Signora Torresan, die Mutter meines Piemonteser Kochs, servierte uns als Antipasto gehäutete,
gelbe Gemüsepaprika, mit einer Mayonnaise überzogen, die mit Thunfisch, Sardellen und Kapern aromatisiert war. Ein vegetarisches Vitello
tonnato. Gehäutete Paprikastücke mit Zwiebeln, Zucchinischeiben,

Sollten Sie in Florenz ein Lokal mit echter toskanischer Küche suchen, werden Sie im Il Cibreo, Via dei Macci 118, Tel. 055–234 11 00, fündig. Probieren Sie unbedingt passato di peperoni gialli. Das ist eine Suppe von gelben Paprika. Dafür werden gelbe, gehäutete Paprika mit Knoblauch, Sardellen und entrindetem altem Weißbrot in Geflügelbrühe gekocht. Durch die Flotte Lotte drehen oder mit dem Mixstab pürieren. Vorsichtig mit Salz umgehen, denn die Sardellen sind würzig genug. Im Teller mit frischem Pfeffer und toskanischem Olio vergine abrunden. Cucina povera, leicht und gesund! Übrigens werden im Cibreo nur klassische toskanische Gerichte serviert, also keine Nudeln! Und sollte das Ristorante ausgebucht sein, finden Sie vielleicht in der einfachen Trattoria hinter der Küche noch einen Platz.

Auberginenwürfeln, Tomatenvierteln ohne Haut und Knoblauch in Olivenöl geschmort, ergibt mit frischem Thymian, Rosinen und Pinienkernen süßsauer abgeschmeckt die sizilianische Caponata. Sie ist warm so gut wie kalt.

Der Reporter einer süddeutschen Zeitung verriet mir sein Lieblingsrezept. Er schwitzt Zwiebeln mit reichlich roten und gelben Paprikaschoten in Olivenöl an, gibt Knoblauch, ein Stück Peperone, einen Thymianzweig und gehäutete Tomaten dazu, läßt alles leise eine Stunde schmoren. Vielleicht muß man etwas Flüssigkeit zugeben, damit das Paprikagemüse nicht anbrennt. Es begleitet ein Stück Fleisch oder, mein Vorschlag, es füllt ein Omelett.

Das Aroma der Paprika kommt auch in folgendem Sud zur Geltung. Gemüsezwiebeln halbieren und in feine Streifen schneiden, ebenso die gleiche Menge gelbe Paprika ohne Haut. In Olivenöl mit 2 Knoblauchzehen, Thymian und 2 Lorbeerblättern anziehen lassen. Einige Safranfäden in heißem Fischfond einweichen. Das Gemüse mit einem guten Schuß Weißwein ablöschen, heißen Fischfond dazugießen und 5 Minuten köcheln. Gehäutete Seeteufelstücke in Öl braten und auf das Paprika-Zwiebel-Gemüse setzen. Mit dem Safransud und feinem Olivenöl begießen. Mit Tomatenconcassé und in Safransud gekochten Kartoffelwürfeln bestreuen.

❧

Paprika, *Capsicum annuum*, stammt aus dem tropischen Amerika und kam als Spanischer Pfeffer nach Europa. Über Spanien und Italien gelangte er zu den Türken, die ihn auf den Balkan mitbrachten. Ursprünglich waren alle Sorten recht scharf. Erst zu Beginn dieses Jahrhunderts wurden mildere Varianten gezüchtet. Das pulverisierte Gewürz fand unter dem ungarischen Namen Paprika erst um 1835 Eingang in die deutsche Küche. Gewürzpaprika wird vor dem Mahlen teilweise mit Mehl verbacken. Schärfe und Geschmack bestimmt sich aus dem Verhältnis von Schoten und Kernen. Man unterscheidet den dunkelroten, sehr milden Delikateßpaprika, den Szegediner Edelsüßen, kräftigrot und

von feiner Schärfe, und den pikanten Rosenpaprika, würzig bis höllenscharf. Der ist je heller desto schärfer. Guter Paprika sollte nicht zu lange in Ihrem Gewürzregal stehen. Auch hier gilt: Der Frischere ist der Bessere. Gemüsepaprika gibt es in vielen Formen, Farben und Varianten. Länglich dünne und spitze Peperoni, scharf in Kalabrien und auf dem Balkan, milde Sorten kommen aus der Türkei, wo auch die dünnwandigen Dolma-Paprika angebaut wird. Aus Ungarn kommen rote und gelbe »eckig-spitze« Sorten und aromatisch-süße rote Tomatenpaprika. Die finden Sie auch meist in den Sauerkonserven. Mit Sauerkraut gefüllt und eingelegt ein Gustostück vom Balkan. Die eckig-abgestumpfte Paprika, der vierte Handelstyp, ist bei uns die gängigste. Es gibt sie grün, gelb, orange, rot, violett und schwarz. Die Grüne, mit Hackfleisch und Reis gefüllt, lernten wir als erste in den fünfziger Jahren kennen. Am liebsten sind mir die gelben aus dem Piemont. Höllenscharf ist die Kirschpaprika der Kalbresen, die sie unbeeindruckt essen. In Amerika lernte ich wieder andere Sorten kennen, Jalapeno, Rokoto-Pfeffer, von mittelscharf bis für unsere Gaumen unerträglich. Auch afrikanische und thailändische Varianten, denen man inzwischen auch bei uns auf dem Markt begegnet, sollte man vorsichtig probieren, bevor man ein mühevoll gekochtes Gericht damit ins Ungenießbare verschärft.

Fleischeslust und Lust auf Fleisch überkommt uns im Alter seltener, doch dann heftig. Da darf es ruhig ein Côte du boeuf, ein Chateaubriand oder eine Bistecca fiorentina sein. Steaks schneidet der Metzger aus dem Lenden- oder Nierstück genannten Teil des Hinterviertels, aus der Hohen Rippe, und aus der Blume der Keule das Hüftsteak. Das teuerste und feinste ist das innenliegende Filet.

Ein Steak schmeckt am besten vom Grill. Das Braten über offenem Feuer ist die älteste Methode, Fleisch zu garen. Der kleinste Gartengrill weckt archaische Instinkte. Doch gilt es, einiges zu beachten. Erstens die Fleischqualität. Sie wird bestimmt von Rasse, Alter, Geschlecht, Weide- und Mastbedingungen, Schlachtung und Reifung. Gute Fleischproduzenten sind Angus, Charolais, Limousin, auch Pinzgauer, Schwarzbunte, Chianina, Hereford, und wie sie alle heißen. Beste Qualität entsteht bei der Kombination von Weidemast und anschließender Zufütterung. Das Fleisch von Jungbullen und Färsen, ist von einem hellen Rot. Das Fett ist weiß. Das Fett älterer Tiere ist gelblich, das Fleisch dunkler, von festerer Textur, aber im Geschmack intensiver. Ein gut marmoriertes Färsenfleisch ist zart. Mastochsenfleisch schmeckt intensiv, ist aber selten geworden. Sind die Tiere dann noch streßfrei geschlachtet, das Fleisch danach gut ausgekühlt und in Teilstücken zwei Wochen im Kühlhaus abgehangen, sollte es perfekt sein.

Wollen Sie zu Hause Steaks lagern, legen Sie es in Öl mit Pfeffer, Knoblauch und Kräutern. Fleisch, das vakuumverpackt war, abtrocknen und eine Stunde ruhen lassen. Ich würze Steaks vor dem Braten und salze erst nach dem Anbraten, ein Sirloin oder ein Entrecôte wälze ich sogar in »Blackened«-Gewürzen, das gibt eine aromatische Kruste. Die Steaks nicht direkt über dem Feuer grillen. Das schmeckt verbrannt und ist auch ungesund. Besser ist eine Grillplatte oder ein Rost neben der Glut, der auch das Fett auffängt. Sonst brate ich die Steaks leicht eingeölt in einer glühendheißen Eisenpfanne an und lasse sie bei kleiner Hitze fertigbraten. Ein Steak von 200 g ist nach dem Anbraten und 2 Minuten auf jeder Seite noch »rare«. Je 2 Minuten mehr, und es ist »medium«. Ganz durchgebraten ist es nach 10 Minuten. Dafür ist ein gutes Steak aber zu schade. Wenn es auf Fingerdruck noch leicht nachgibt, ist es gerade noch genießbar.

Steak und Kobe-Beef

—— ❦ ——

Sollten Sie Gelegenheit haben, ein Kobe-Beef zu kosten, verschmähen Sie es nicht! Allerdings: Bei jedem Steak danach wünscht man sich solche Zartheit und diesen Geschmack zurück. Die Japaner mästen jene Rinder mit Bier und einem Spezialfutter, täglich wird der Rücken mit Sake eingesprüht und das Fett von Hand in die Muskulatur einmassiert. Ein Freund des Hauses besorgte aus Japan zwei Kilo vom Entrecôte. Gut gekühlt eingeflogen, verpackt wie eine teure Uhr, lag es vor mir auf dem Küchentisch. Ein weißer Block Fett mit rosa und roten Einsprengseln, wie ein Stück Marmor. Eine Kugel schieres Fett zum Braten war extra dazugepackt. Als Carpaccio, hauchdünn, roh serviert, war das Kobe-Beef von gutem Geschmack, doch nicht nur mir zu fett. Wundervoll war es 5 mm dünn mit der Maschine aufgeschnitten, in Sake und Sojasauce mit Knoblauch und Chilis mariniert, kurz abgetropft und in der heißen Eisenpfanne im eigenen Fett nur 2 Sekunden auf jeder Seite gebraten. Für das Entrecôte double, traditionell gebraten und in Scheiben geschnitten, brauchten wir kein Messer mehr, und auch die Zähne waren nicht nötig. Das Fleisch zerschmolz zwischen Zunge und Gaumen. Es hatte einen intensiven Eigengeschmack und war nicht mehr fett. Dazu ein La Tâche von Romanée-Conti, so muß das Paradies des Gargantua sein. Der Preis ist extrem, doch der Gourmet genießt und dankt dem Spender.

Und sollten Sie einfach nur in New York ein gutes Steak essen wollen, im Spark's und bei Smith and Wollensky gibt es zum Steak auch einen tollen

Ich halte es mit den großen Stücken, am Knochen gebraten und mit 1 200 bis 1 500 g genug für zwei bis vier Esser. Ein Côte du boeuf, aus der siebten oder achten Rippe geschnitten, in heißem Öl anbraten, gut pfeffern und salzen. Knoblauch, Schalotten, einige Thymianzweige und Lorbeerblätter dazugeben und mit ½ l Rotwein und einer Kelle Kalbsfond abgelöscht bei 180 Grad im Ofen etwa 15 Minuten fertig schmoren. Das ist schon mehr ein großer Braten denn ein Steak. Fleisch herausnehmen und 5 Minuten warmgestellt ruhen lassen. Den Schmorfond einkochen, entfetten, nachwürzen und den Fleischsaft dazugießen. Das Fleisch am Tisch tranchiert mit einer Schalottensauce und Bratkartoffeln servieren.

Ebenfalls aus dem Zwischenrippenstück geschnitten ist das Ribeye Steak. Oval geformt mit einem Fettkern, daher der Name, ist es das Stück für einen Esser. Und ist es vom US Prime Beef, ist der Genuß vollkommen. Nur 5 Prozent des amerikanischen Fleisches erhalten diese Qualitätsstufe. Was es zum Prime macht, sind kleine, linsenkorngroße Fetteinschlüsse im Muskelfleisch. »Marbled« nennen das die Amerikaner. Dieses Fett hat nichts zu tun mit dem Fettrand oder den Fettadern um die Muskeln.

Das Paradestück schließlich ist das Porterhouse Steak, aus dem letzten Teil des Nierenstücks geschnitten. Mit Knochen, flacherem Roastbeef und größerem Filetanteil als beim T-Bone Steak ist das ein solides Stück für die ganze Familie. Von gleichem Schnitt ist die Bistecca fiorentina. Sie stammt, wenn es original sein soll, von 18 Monate alten Färsen des Chianina-Rinds. Aber nicht alles, was in der Toskana als »Fiorentina« auf den Teller kommt, trägt den Namen zu recht.

❦

Das **Rind**, *Bovinus*, stammt wohl vom Ur- oder Auerochsen ab. Den gab es wild in Osteuropas Wäldern noch bis ins siebzehnte Jahrhundert. Schon im alten Ägypten wurden Rinder auf der Weide und in Stallungen gehalten. Die Kinder Israels tanzten um das goldene Kalb.

Herkules mistete den Stall des Augias aus. Und Göttervater Zeus mischte sich als Stier unter die Sterblichen, Europa ritt auf ihm. Der Stier war Mittelpunkt des Mithraskults. Während der Völkerwanderung vermischten sich verschiedene Rassen der gezähmten Rinder. Das Rind war Zugtier, lieferte Milch, Fleisch, Leder. Den Indern ist es heilig. Und bei den Kaiserkrönungen zu Frankfurt aß das Volk vom Ochsen am Spieß. Kein Western ohne Cowboys und ihre Herden. In Spanien werden die Stiere noch heute in der Corrida rituell abgestochen. Und bei uns wegen BSE gefürchtet.

Keller. Das beste Porterhouse servieren unnachahmliche Kellner bei Peter Luger in Brooklyn. Im traditionellen Old Homestead, gegr. 1868, gibt es sogar japanisches Kobe-Beef.

Waller und Kren

Der Waller oder Wels ist der größte Fisch, der in unseren Flüssen, Teichen und Seen lebt. Ein beliebter Speisefisch ist er aber nur in Franken, Bayern und in Österreich. Meister Elsholtz rechnet ihn ob seines fetten, weichen Fleisches nicht zu den gesündesten Speisen, doch Exemplare bis 3 Pfund seien nahrhaft und von gutem Geschmack. Johann Rottenhöfer, der Hofkoch König Maximilians II. von Bayern, nimmt den Waller in seine »Anweisungen der feinen Kochkunst« von 1858 auf. Auch in einem vor dreihundert Jahren verfaßten Klosterkochbuch empfiehlt der Bruder Küchenmeister gebratenen Welsschwanz als ein Essen für den Bischof oder Abt. Genug der Überzeugungsarbeit; Franken, die gern fette Karpfen essen, mögen den Waller auch.

Ich bereite den Waller gern in Frankenwein, im Blausud oder Wurzelsud, wie »Blaue Zipfel«. Und warum nicht mal beides zusammen? Um einen kräftigen Sud herzustellen, 1 Flasche trockenen Frankenwein mit ½ Liter klarer Hühnerbrühe, je zwei Zwiebeln, Karotten, Selleriestangen, einem Stück Lauch, einem Schnitz Knollensellerie, einer Petersilienwurzel, Petersilie, 2 Nelken, Lorbeerblättern, etwas Muskatblüte, Koriander, Kümmel und Pfefferkörnern 30 Minuten kochen und durch ein Sieb passieren. Die gleichen Gemüse wie oben, geputzt und in Streifen geschnitten (Julienne), in diesem Sud al dente kochen. Mit dem Schaumlöffel herausnehmen und abschrecken. Portionen vom Wallerfilet, je 150 g, ½ Stunde vorher einsalzen. Nun wieder abwaschen. Das entzieht dem Fisch etwas vom Fett. In einem Teil des Suds mit einem Schuß Weinessig aufs Feuer setzen und bei sanfter Hitze knapp 15 Minuten pochieren. Frische kleine Nürnberger Bratwürstchen mitgaren, 3 bis 4 Stück pro Portion. Fischfilet und Würstchen auf das Wurzelgemüse setzen, mit dem heißen, klaren Teil des Suds übergießen und frisch geschabten Meerrettich daraufgeben. Mit in Butter geschwenkten Petersilienkartoffeln und noch etwas Meerrettich extra servieren. Und so ein Waller will noch mal ordentlich schwimmen, in einem säurebetonten Silvaner aus dem östlichen Weinfranken.

Der Pochierfond und Reste von Gemüse und kleine Stücke oder Reste vom Fisch ergeben eine leckere Suppe für den nächsten Tag. Einen kleinen dreipfündigen Waller können Sie auch im Ganzen im Blausud servieren. Den Fisch ausnehmen. Gut einsalzen und drei Stunden stehenlassen.

106

Dann in einem Kochtopf mit Einsatz auf das geputzte Gemüse setzen, mit ¼ Liter heißem Weißweinessig übergießen und so viel von unserem Sud kochendheiß auffüllen, daß der Fisch ganz bedeckt ist. Bei sanfter Hitze garköcheln. Das dauert je nach Größe 30 bis 40 Minuten. Herausheben und auf einer Platte mit den Gemüsen und Salzkartoffeln servieren. Zerlassene Butter, Meerrettich passen dazu. Oder eine Meerrettichsauce: 100 g Butter zerlassen. Darin 2 Löffel Mehl anschwitzen und mit 2 Schöpflöffeln Pochierfond ablöschen. Aufkochen und alle Klümpchen mit dem Schneebesen gut verschlagen. ¼ Liter süße Sahne dazugießen und fertigkochen. Vor dem Servieren 6 bis 8 Löffel geriebenen Meerrettich einrühren und nicht mehr weiterkochen.

Ich mag dazu einen Salat von Roten Beten. Die Rote Bete auf Salz gebettet im Backofen bei 180 Grad 40 bis 60 Minuten backen, je nach Größe. Abkühlen lassen, schälen, in Scheibchen schneiden und in einer Vinaigrette aus Johannisbeeressig, Rotwein, Olivenöl mit etwas Haselnußöl, Salz, Pfeffer, gehackten Schalotten und Schnittlauch marinieren, zwei Stunden ziehen lassen.

Gebraten, mit einer dünnen Scheibe Räucherspeck umwickelt, serviere ich ein Wallerfilet auf Senflinsen mit einer Rote-Bete-Sauce. Grüne Le-Puy-Linsen einige Stunden in kaltem Wasser einweichen. Schalotten in etwas Öl anschwitzen, die abgetropften Linsen zugeben und mit Geflügelbrühe aufgießen. Weichkochen, al dente, und abgießen. Feingewürfelte Karotten und Selleriewürfel unter die Linsen geben und mit 5 bis 6 Löffeln Kalbsfond und zwei Löffeln feinem Dijonsenf fertigdünsten. Für die Sauce Schalotten in einem halben Liter Weißwein kochen und die Flüssigkeit um die Hälfte reduzieren. Einen großen Löffel Senf und feingewürfelte, gebackene Rote Bete zugeben und mit 2 dl Sahne aufkochen. Mit dem Mixstab pürieren und eiskalte Butterstückchen einschlagen. Mit Salz und Pfeffer abschmecken. Den Fisch auf dem Linsengemüse mit Sauce umgossen servieren. Nach Belieben feingeschnittene, fritierte Scheiben von Roten Beten und fritierte Blattpetersilie dazugeben.

Sollten Sie einen Herbstausflug nach Franken machen, werden Sie in vielen Gasthöfen noch Waller auf der Karte finden. Bestimmt im Zehnthof in Nordheim bei Volkach (09 381/1702), von Mitte September an. Und Frau Knies, früher Schiffbäuerin in Würzburg, setzt dort noch immer den sagenumwobenen Blausud an.

Der **Waller**, *Silurus glanis L.*, auch Scheid oder Scharn genannt, ist der europäische Wels. Sein natürliches Verbreitungsgebiet ist das mittlere und östliche Europa. Es gibt auch amerikanische Arten (Catfish), den Amazonas- und den Mekongwels, afrikanische Arten und den berühmten Zitterwels im Nil, der elektrische Schläge bis 350 Volt austeilt. Der Waller hat einen flachen, großen Kopf. Das breite Maul ist mit kleinen scharfen Zähnen besetzt, wie ein Reibeisen. Die Haut ist glatt und schuppenlos. Kopf und Rücken sind dunkel gefärbt, die Bauchseite ist weiß bis gelb. Ein besonderes Merkmal sind zwei lange Bartfäden am Oberkiefer und vier am Unterkiefer. Er hat eine große eßbare Leber. Der Waller ist ein Süßwasserfisch, der enorme Größen erreicht. Im Mindelsee wurden Brocken von 2,4 m Länge und 180 Pfund Gewicht gefangen. Meister Elsholtz und frühere Quellen berichten von Riesenwelsen, die nicht nur Gänse und Enten, auch Vieh an der Tränke gefressen haben sollen, und bei Preßburg habe ein Waller einen badenden Knaben in die Tiefe gerissen. Legenden gibt es viele um den Wels, zumal der Drill auf kapitale Burschen jedes Anglerherz höherschlagen läßt. – **Kren** oder Meerrettich, *Armoricia rusticana*, ist des Landmanns gemeinste Würze. Paßt gut zu Bratwurst, Siedfleisch und Fisch. Auch die echten Frankfurter Würstchen ißt man mit Meerrettich, nicht mit Senf! Der bei uns auch wild sehr verbreitete Kreuzblütler wird vor allem zwischen Bamberg und Nürnberg, bei Rastatt und um Lübbenau angebaut. Man erntet die tief in den Boden reichende Wurzel vom Herbst bis ins Frühjahr. Die geschälte Wurzel sollte man bei offenem Fenster reiben, die ätherischen Senföle stellen jede Zwiebel in den Schatten. Noch in den fünfziger Jahren zogen Forchheimer »Krenweibla« mit Kruken voller Meerrettichstangen durch die fränkischen Dörfer. Heute gibt es ihn in Gläsern, geschwefelt, vielleicht auch ungeschwefelt. Am besten ist er noch immer frisch von der Stange gerieben.

Wenn die Zwetschgen reif sind, muß ich an die Geschichte von Herrn Neugröschl denken. Friedrich Torberg erzählt sie in seiner »Tante Jolesch«. Neugröschl, ein Wiener Wirt, duldet keinen Widerspruch, schon gar nicht von Gästen. Einer bestellt Kaiserschmarrn mit Kompott. Der Kellner serviert Zwetschgenröster. Der Gast protestiert: »Zwetschgenröster sind kein Kompott.« Neugröschl befördert den Gast zur Tür hinaus und ruft: »Es sind noch ein paar da, die sagen, Zwetschgenröster sind kein Kompott!« Er droht mit erhobener Faust: »Aber ich kenn sie alle!« Ob Kompott oder nicht, Zwetschgenröster sind die klassische Beilage zum Kaiserschmarrn. 2 kg Zwetschgen waschen, halbieren und entkernen. 250 g Zucker mit 1 dl Wasser und einer Zimtstange aufkochen. Die Zwetschgen dazugeben und 3 bis 4 Minuten weichdünsten. Dann im eigenen Saft abkühlen lassen.

Für den Kaiserschmarrn 200 g Mehl mit ½ l Milch, 50 g Zucker und 8 Eigelb verrühren und etwas ausquellen lassen. 1 dl süße Sahne unterschlagen und den steifgeschlagenen Schnee von 8 Eiweiß unterheben. In einer Reine 2 Löffel Butter erhitzen und die Masse einfüllen. 50 g in Rum eingeweichte Rosinen untermischen. Bei 180 Grad im Ofen backen, bis die Unterseite goldbraun ist. Wenden, 5 Minuten zudecken und mit 2 Gabeln in Stückerl reißen. Mit 50 g Puderzucker bestreuen und etwas nachbacken. Mit Puderzucker bestäubt servieren.

Mein Leibgericht zur Zwetschgenzeit waren die Zwetschgenknödel. Doch ich konnte mich nie entscheiden, ob die Knödel der Mutter, die der Oma oder der Tante am besten waren. So hieß es immer wieder neu verkosten und bereit sein für das nächste Probe-Essen. Die Zwetschgen für die Knödel wurden nicht entkernt. Anhand der Kerne konnte man zählen, wie viele man vertilgt hatte. Man kann sie entkernen und mit einem Würfelzucker füllen, der in Zwetschgenschnaps getaucht wurde. Für Knödel aus Kartoffelteig 500 g Kartoffeln kochen, pellen, durch die Presse drücken. Mit 50 g flüssiger Butter, 2 Eigelb, einer Prise Salz und etwa 150 g Mehl zu einem glatten Teig verarbeiten. Den Teig auf einer bemehlten Fläche 4 mm dick ausrollen und in Quadrate schneiden. Zwetschgen daraufsetzen und Knödel formen. In kochendes Salzwasser geben und 15 Minuten leise köcheln lassen. Abtropfen und in gerösteten Semmelbröseln, Zucker und Zimt wenden. Bei Knödeln aus

Zwetschge und Zwetschgenknödel

Sollten Ihnen meine Rezepte zu einfach, zu mächtig oder zu gewöhnungsbedürftig sein, hier ein leichtes Zwetschgendessert. Die Zwetschgen wie für Zwetschgenröster in Zucker dünsten. Auf ein Sieb schütten und den Saft in einer Schüssel auffangen. Zwei Stunden abtropfen lassen. Den Saft kräftig einkochen und 8 Blatt eingeweichte Gelatine im heißen Sud auflösen, abkühlen lasen. Bevor die Gelatine anzieht, etwas Flüssigkeit in eine Terrinenform gießen, die Zwetschgen dazugeben und immer wieder mit dem Sirup begießen, bis die Früchte bedeckt sind. Über Nacht durchkühlen. Ins heiße Wasser tauchen und aus der Form stürzen. In gehackten Pistazien wälzen, bis ein grüner Mantel um die Terrine entsteht. In Scheiben schneiden und mit Schlagsahne servieren, die mit Zwetschgenwasser parfümiert wurde. Und sollte es Sie um diese Zeit in die Wachau verschlagen, dort sind es Zwetschken und im Gasthof Jamek in Joching serviert man nicht nur große Weine, sondern auch himmlische Zwetschgenknödel. Auch Eva Salomon, geborene Jameck, im Gut Oberstockstall in Kirchberg/Wagram hat mich damit bezaubert. Na hörn's, die Frau Wagner-Bacher in Mautern aber auch.

Topfenteig genauso verfahren. Für den Topfenteig 250 g Topfen (am besten Ricotta oder Schichtkäse, abgetropft) zerkrümeln und mit 2 Eiern und 500 g Mehl zu einem Teig verrühren, etwas Salz und einen Schuß Sahne zugeben und im Kühlschrank durchziehen lassen. Einen Probekloß kochen, ist der Teig zu weich, mit etwas Mehl, ist er zu fest, mit etwas Sahne ausgleichen. Und nach einem halben Dutzend Knödel schafft ein Glas »Alte Zwetschke« von Gölles wieder Platz.

Natürlich gab es ständig Zwetschgenkuchen. Eine Besonderheit war jedoch, daß es am Waschtag, oder wenn Mutter viel Arbeit hatte, Kartoffelsuppe mit schwach gezuckertem Zwetschgenkuchen als Beikost gab. Die Suppe hieß »Schnackelmänner«. Da wurde ein Stück Rauchfleisch kleingeschnitten, mit Suppengrün, Zwiebeln und dicken Kartoffelscheiben in Schmalz geschwenkt und mit Fleischbrühe oder Wasser aufgefüllt. Es wurde mit frischem Liebstöckel und Estragon, mit Salz und Pfeffer gewürzt und gekocht, bis die Kartoffeln weich waren. Diese Suppe wurde nicht gebunden, sondern nur mit Essig, Schnittlauch und Petersilie abgeschmeckt. Der Zwetschgenkuchen schmeckte hervorragend dazu.

Die **Zwetschge**, *Prunus domestica ssp. domestica*, auch Zwetschke oder Quetsche, Haus- oder Bauernpflaume, ist ein Steinobstgewächs aus der Familie der Rosengewächse. Ob sie vor zweitausend Jahren aus der Schlehe, der Kirsche oder der Damaszener Pflaume hervorging, ist unklar. Schon Plinius berichtet im 17. Band seiner »Naturalis historia« von Kreuzungen und erklärt verschiedene Verfahren des Propfens. Sechzehn Jahrhunderte später beschreibt Meister Elsholtz, der mehr als zwanzig Pflaumensorten aufzählt, unsere Zwetschge wahrscheinlich als ungarische Pflaume. Die Verwirrung, ob Zwetschge oder Pflaume, ist immer noch groß. Sowohl das Pflaumenmus in Norddeutschland wie das böhmische Powidl werden aus Zwetschgen eingekocht. Zwetschgen sind länglich eiförmig, mit an beiden Enden spitzem Stein. Ob Quetsch oder Slibowitz, das Grundprodukt hing an einem Zwetschgenbaum.

Deutschlands erster Drei-Sterne-Koch nannte sein Restaurant Aubergine. Eckart Witzigmann zeigte, was Kochen sein kann. Gedankt wurde es ihm nicht. Auch die Aubergine hat bei uns nicht den Stellenwert, den sie verdient. Sie sollte das Lieblingsgemüse aller Vegetarier sein, weil sie so geschmackvoll und nahrhaft ist und sich so einfach wie variantenreich zubereiten läßt. Fast alle Auberginengerichte schmecken warm und kalt. Es gilt nur einen Grundsatz zu beachten: Das wahre Aroma der Aubergine entsteht beim Braten, Grillen oder Backen. Und man muß die Auberginen an den Schnittflächen nicht einsalzen, um Wasser und Bitterstoffe zu entziehen, denn die sind heute so gut wie weggezüchtet.

Für ein kleines Ragout mit Tomaten 1 kg Auberginen in 1 cm starke Würfel schneiden. Mit Salz, Pfeffer und Oregano würzen und sofort in Olivenöl anbraten, damit die Würfel kein Wasser ziehen. Gehackte Schalotten und zerdrückten Knoblauch mit anbraten, dann 500 g Tomatenconcassé zugeben. Nochmals salzen, pfeffern und mit frischem Oregano oder Basilikum abschmecken. Nach Gusto mit schwarzen Oliven anreichern. Schmeckt solo, zu gegrilltem Fleisch oder ist ein Sugo zu frisch gekochten Spaghetti oder Maccheroni.

Ersetzen Sie den Oregano durch frisches Koriandergrün, würzen mit Cayenne und geben über das Ganze eine Vinaigrette aus Olivenöl und Zitronensaft, dazu viel gehackte Petersilie, haben Sie einen marokkanischen Auberginensalat.

Zum Arrak, Raki oder Ouzo ißt man in der ganzen Levante als Mezze Auberginen-Kaviar. 6 Auberginen, mit dem Messer ein paarmal eingestochen, im Ofen bei 180 Grad 20 Minuten backen. Kurz in kaltes Wasser tauchen und enthäuten. Das Innere mit Salz, 3 Knoblauchzehen, dem Saft einer Zitrone und 2 dl Olivenöl im Mixer zu einer Paste verschlagen. Wenn Sie in das feingehackte Auberginenfleisch eine Sesamsauce rühren, haben Sie die arabische Variante. Für die Sesamsauce 2 dl Sesamöl mit dem Saft einer Zitrone, 2 Löffeln Wasser und 4 mit Salz zerstoßenen Knoblauchzehen zu einer Emulsion verrühren oder mixen. Diese Sauce schmeckt auch zu gegrillten oder ausgebackenen Auberginenscheiben. Zum Grillen einsalzen, nach einer halben Stunde abtrocknen und, leicht mit Olivenöl eingestrichen, auf dem Grill von beiden

Die Aubergine

❦

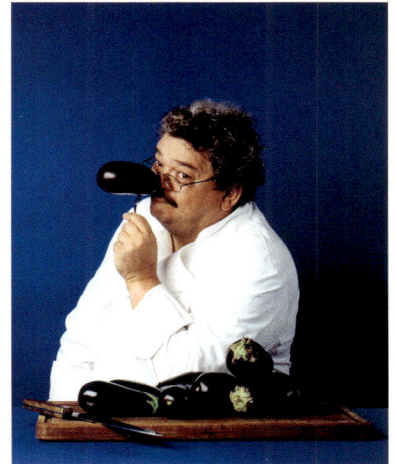

Sollten Sie noch Bedarf an exotischen Auberginen-Rezepten haben: Die Aubergine nimmt den Geschmack von Gewürzen besonders gut auf, von Curry zum Beispiel. Die südindische vegetarische Küche verarbeitet gern Auberginen, die in Poriyals, das sind trockene Currys, in saftigen Kootus oder in Sambars mit viel Sauce mehr sind als Fleischersatz.

Für ein Chutney: Auberginen backen, enthäuten und das Fleisch kleinhacken. In Öl einen Löffel schwarze Senfkörner und 2 Löffel Urad Dal, das sind halbierte gewaschene schwarze Bohnen, anrösten, 5 grüne Chilischoten, 3 Löffel Tamarindenmus und einen Bund gehacktes Koriandergrün zugeben. Mit einem Schuß Wasser durchkochen und mit dem Mixstab aufschlagen. Diese Paste gut mit dem gehackten Auberginenfleisch verrühren.

Und noch ein Auberginen-Dip aus Südostasien. 400 g gegartes Auberginenfleisch mit 150 g Krabben, 2 Löffeln nam pla, das ist eine Thai-Fischsauce, etwas Knoblauch und Salz, dem Saft von 2 Limetten, 1 Löffel Zucker, 2 Chilis und einigen Koriander- und Minzblättern hacken, bis ein grobes Püree entstanden ist. Das wird zu rohen und gekochten Gemüsen serviert. Die rohen Mini-Auberginen schmecken allerdings, allen Beteuerungen der Thais zum Trotz, wie Watte.

Seiten braten. Oder die Scheiben in einem Teig, aus 100 g Mehl und 1,5 dl eiskaltem Bier gerührt, in der Friteuse bei 180 Grad ausbacken und auf Küchenpapier abtropfen lassen. Zu beidem paßt als Dip ein mit Knoblauch und Kräutern gewürzter dicker Joghurt, wie in der Türkei. Die Türken sind Meister im Umgang mit der Aubergine. Genial war da ein Spieß von Lammfleisch und Aubergine vom Grill. Der Spieß fürs Fleisch war der Stengel der Aubergine. Diese war in Abständen von 1 cm enthäutet und dort mit Knoblauch gespickt.

Und noch ein türkisches Gericht, für Knoblauchfreunde. Gegrillte Auberginenscheiben mit Blattspinat belegen, der in Öl mit Knoblauch gedünstet und mit Pinienkernen und Rosinen vermischt wurde. Zwei, drei solcher Schichten übereinandersetzen, abkühlen lassen und dick mit entwässertem Joghurt bedecken. Den Abschluß bilden ganze Knoblauchzehen, in Zitronensaft und Olivenöl weichgedünstet.

Und was ist ein »Imam, der in Ohnmacht fiel«? Halbe Auberginen, auf der Schnittfläche anbraten, das Fruchtfleisch auslösen und mit gehackten Zwiebeln, Knoblauch und Tomaten dünsten, mit Minze, Pfeffer, Zimt, Salz und türkischem Sumac würzen und wieder in die Hälften füllen, mit Eischnee obendrauf im Ofen fertiggaren.

Gefüllte Auberginen gibt es in allen Variationen. Mit Rind-, Kalb- oder Lammhackfleisch vermischt. Mit Zwiebeln, Tomaten und Oliven, überbacken mit Semmelbröseln oder Ziegenkäse. Mit Steinpilzen vermischt und mit Parmesan überkrustet. Oder mit Tomaten, Kräutern und Mozzarella gratiniert.

Die **Aubergine**, *Solanum melongena*, auch Eierfrucht und beim Italiener Melanzane genannt, ist ein Nachtschattengewächs. Sie kam nicht aus der Neuen Welt zu uns, ihre Heimat ist China, genauer Indochina, wo sie seit Jahrtausenden bekannt ist. In Thailand finden sich Wildformen und eine große Artenvielfalt. Im neunten Jahrhundert wurde sie von den Arabern aus Indien nach Nordafrika gebracht und kam mit den Mauren nach Sizilien und Spanien. Es gibt sie hellviolett, schlank, auch dicke, runde Sorten, weißlich am Stiel, aus Sizilien. Marktbeherrschend sind die länglich-ovalen Sorten von dunkelvioletter Farbe, meist aus Holland. Aus Thailand kommen Mini-Auberginen, rund und oval, weiß, grün, gelb und lila auf den Markt. Mein Tip: Kaufen Sie Auberginen mal beim türkischen Gemüsehändler. Dort, bei den wahren Auberginen-Experten, finden Sie ursprüngliche Sorten, vielleicht auch spannende Rezepte. Die Haut soll keine Flecken haben, die Frucht soll prall und fest, das Fruchtfleisch weiß sein. Alte oder überreife Ware ist innen bräunlich verfärbt. Allerdings verfärbt sich das angeschnittene Fruchtfleisch schnell an der Luft. Etwas Zitronensaft bremst die Oxydation. Zum Garen nur Gerät aus Edelstahl oder Eisenguß verwenden.

Stör mit Kapern

Den Sterlet, den Kleinsten aus der Störfamilie, zählt Alfred Walterspiel zu den feinsten Fischen der exklusiven Küche. In seinen Erinnerungen berichtet er von wöchentlichen Sendungen aus Rußland nach Berlin, hundert Stück von drei Pfund, sie kamen lebend ins Bassin des Restaurants. Der Sterlet war damals, vor 1914, der teuerste aller Fische. Ich kannte den Stör nur als Lieferanten von Kaviar. Hin und wieder kam geräuchertes Störfleisch auf den Markt, meist salzig, mit kräftigem Räuchergeschmack, gerade recht als Happen zum Wodka. Seit einigen Jahren werden aus Zuchten in Oberitalien Sterlets und Kreuzungen aus Osietra und Sterlet angeboten. Seit der Öffnung des Ostens gibt es auch gelegentlich Filets vom Sevruga.

Lassen wir uns jetzt einen kleinen Sterlet vom Fischhändler filetieren und häuten. Damit das Fett etwas ausschwitzt, die Filets zwei Stunden vor der Zubereitung einsalzen. Das Salz abwaschen und die Portionsstücke in Olivenöl auf jeder Seite 3 Minuten braten, je nach Stärke auch länger. Mit dem festen, aromatischen Fleisch harmoniert eine Kapern-Zitronen-Sauce. Die Schale von 2 unbehandelten Zitronen hauchdünn abschälen und in feine Streifen schneiden. In 1 dl Weißwein mit 1 Löffel Zucker weichkochen und einkochen, bis die Flüssigkeit fast karamelisiert. Diese Reduktion mit dem Saft einer Zitrone, einem Schuß Weißwein, etwas Kapernflüssigkeit oder Essig und einem Löffel Kapern kurz aufkochen. Mit 1 dl süßer Sahne und kalten Butterflocken aufmixen. Vor dem Servieren die gekochten Zitronenschalen, einige Zitronenfilets ohne Haut und kleine Kapern in die Sauce geben. Die Störfilets damit überziehen. Dazu gibt es Petersilienkartoffeln und gekochte Rote Bete, in Butter geschwenkt. Der Wein kann eine trockene Spätlese von der Ruwer sein, von Schubert, Tyrell oder Wegeler, oder ein gehaltvoller Savennières aus Anjou.

Für meine sommerlich-italienische Variante die gebratenen Störfilets mit einer lauwarmen Vinaigrette begießen. Die besteht aus Weißwein, Zitronensaft, feinsten Kapern, Tomatenwürfeln, Schalotten und Blattpetersilie feingehackt, Olivenöl, Salz und Pfeffer. Dazu oder davor Spaghettini, al dente gekocht, und mit etwas Öl und vielleicht etwas mehr Sevruga-Kaviar nach Geschmack und Geldbeutel gemischt. Im Glas ein Pinot bianco von Lageder oder ein Sauvignon von Castellada.

Sollten Sie nach dem dritten Akt von Tschechows »Iwanow« hungrig aus dem Theater stürzen, nachdem dort lang darüber debattiert worden war, was alles als Zakuska, als Happen zum Wodka taugen kann, servieren Sie den warmgeräucherten Stör auf einem Salat aus Würfeln von gebackenen Roten Beten, Kartoffeln, Salzgurke, Petersilienwurzel und Apfel mit einer Vinaigrette aus Essig, Öl, Salz, Pfeffer, etwas Zucker und frischem Dill.

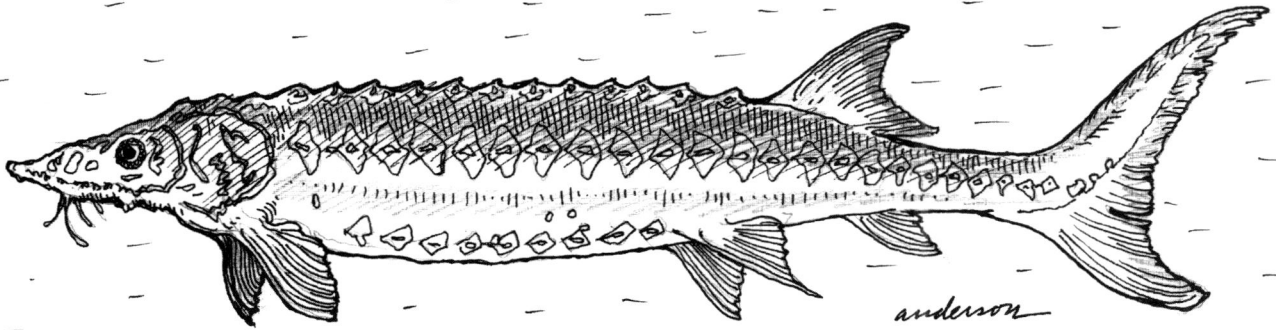

Stör ist fett genug, um ihn à la minute zu räuchern. Zum Warmräuchern können Sie ein Gerät aus dem Anglergeschäft oder einen Wok mit Rost und Deckel benutzen. Einen Löffel Räuchermehl (vom Anglerbedarf) zum Rauchpunkt erhitzen. Die Störfilets in Streifen schneiden, salzen, pfeffern und mit Olivenöl einstreichen. Auf eine geölte Alufolie legen und auf den Rost setzen. Bei geschlossenem Deckel und kleiner Flamme 5 bis 7 Minuten sanft räuchern. Auf einen Salat aus gehäuteten Tomaten und gelben Paprika mit Rucolablättern, gezupfter Petersilie, Frisée-salat und Kapernfrüchten setzen. Die Vinaigrette von oben kalt darüber-geben.

In Rußland wird der Rückennerv des Störs, »Vesiga« genannt, getrocknet und das eingeweichte Pulver dann für die berühmten Coulibiacs verwendet. Doch auch der frische Stör ist gut für Piroggen und Piroschki. Aus 500 g Mehl, 250 g Butter, 125 g saurer Sahne und 4 Eigelb rasch einen festen Teig kneten und in Folie verpackt 30 Minuten im Kühlschrank ruhen lassen. Für die Füllung eine Zwiebel in Öl anschwitzen, ein paar frische Steinpilze (oder getrocknete, eingeweicht und ausgedrückt) mit anbraten. Sauerkraut dazugeben und mit dem Einweichwasser der Pilze oder etwas Geflügelbrühe aufgießen. Weichdünsten und mit gebratenen Würfeln vom Störfilet oder Resten vom geräucherten Stör vermischen. Ist die Flüssigkeit verdunstet, einen Löffel saure Sahne und ein Eigelb unterziehen, abkühlen lassen.

Sie können eine große Pirogge oder mehrere kleine Piroschki herstellen. Für die Piroschki den Teig dünn ausrollen und mit einem Glas Scheiben von 10 cm Durchmesser ausstechen. Einen Löffel Füllung in die Mitte setzen, den Rand mit Eiweiß bestreichen und eine Teigscheibe darüberlegen. Die Ränder mit einer Gabel festdrücken. Mit Eigelb bestreichen und auf einem gebutterten Blech bei 200 Grad 15 bis 20 Minuten backen. Dazu gibt es saure Sahne und reichlich Wodka.

Der **Stör**, *Acipenser sturio*, war als gemeiner Stör früher in allen europäischen Küstengewässern heimisch. Der Name kommt von stören, suchen, da er am Boden gründelt. Ausonius nennt ihn den Strom-Delphin. Und die alten Römer liebten ihn sehr. Gab Cicero doch den Rat, einem betrübten Freund lieber einen Stör zu schenken als ein Büchlein der Sokratiker. Wie trübsinnig müssen die Zaren gewesen sein! Die ließen 20 kg schwere Störe im Ganzen gesotten auftragen. Heute ist der Stör nur noch in Rußland verbreitet. Der Sevruga oder Scherg, der Waxdick, der Beluga oder Hausen sind sowohl Kaviar- wie Fleischlieferanten. Der Kleinste der Störfamilie, der Sterlet, hat das feinste Fleisch. Der Größte, der Beluga, bis 9 m lang, hat den besten Kaviar. Gezüchtet wird der Sterlet in Osteuropa und Norditalien, dort als Kreuzung zwischen Adriastör und Sterlet. Störe sind wandernde Süßwasserfische, die sich auch in Küstengewässern, im Schwarzen und Kaspischen Meer wohlfühlen. Zum Laichen steigen sie in den Flüssen auf, um dann nach zwei Jahren wieder ins Meer zu ziehen. Statt Schuppen besitzt der Stör Knochenschilder. Das Maul sitzt unter einer schnabelförmigen Kopfspitze, Rostrum genannt, davor hat er vier Bartfäden. Aus der Schwimmblase der Störe wird ein bei Malern und Restauratoren begehrter Fischleim hergestellt. – Die **Kapern**, *Capparis spinosa, var. rupestris*, sind die noch geschlossenen Blütenknospen des Kapernstrauchs, der rund ums Mittelmeer wild auf steinigen Böden wächst. Seit der Antike werden Kapern zum Würzen von Speisen verwendet. Schon Elsholtz hält auf Qualität und beschreibt nur den mit kleinen Früchten und runden Blättern versehenen Strauch als den echten. Die feinsten Sorten sind sehr klein und fest, sie kommen von den Liparischen Inseln oder aus Apulien und sind in Meersalz eingelegt. Meist werden sie aber in gesalzener Essiglösung konserviert. Feine französische Kapern werden von klein nach groß klassifiziert als Nonparailles, Capucines, Superfines und Capotes. Früher waren auch Surrogate wie die Blütenknospen des Bram-Ginsters und die unreifen Früchte der Kapuzinerkresse als Deutsche Kapern im Handel. Der echte Kapernstrauch blüht weiß und trägt grüne Früchte, länglich wie Oliven geformt. Diese werden mit Stiel in Essig eingelegt und unter der Bezeichnung Kapernäpfel vermarktet.

Vor fünfzehn Jahren redete noch kaum einer nördlich der Alpen von weißen Trüffeln. Die schwarzen Diamanten aus dem Perigord verteuerten die klassische Küche. Aber heute hört man: »Im Piemont verstehen sie sich besser darauf.« »Ah, Sie sind im Piemont gewesen?« Und meist dreht sich das Gespräch dann um die weiße Trüffel, um Preise, Restaurants und Wein. Vor fünfzehn Jahren waren Touristen in dieser fleißigen Ecke Italiens noch fremd. Heute wird die Altstadt von Alba schon mal wegen Überfüllung geschlossen. Nicht im Sommer, erst Ende Oktober, wenn dichte Nebel die Industriegebiete sanft verhüllen, kommen die Busse aus Zürich, Wien und München. Ich will es nicht beklagen. Bin ich doch selbst der Trüffelsucht verfallen und trage, so gut ich kann, zu ihrer Verbreitung bei.

Die wenigsten Trüffeln auf dem Markt in Alba kommen aus der Umgebung, aus der Langhe und dem Roero. Aber auch Experten können nicht ohne weiteres Unterschiede erkennen. Die Trüffel soll fest sein. Sie soll ein intensives Aroma verströmen. Sie soll keine Wurmlöcher haben. Sie soll sauber sein, mit Sand und Dreck wird manches zugeschmiert, und das fällt dann auch noch ordentlich ins Gewicht. Es gibt enorme Preisunterschiede, aber Vorsicht bei Sonderangeboten! Nicht in Reis aufbewahren, sondern in Küchenpapier im Schraubglas, und kühl. Die Trüffel verliert täglich an Gewicht, Aroma und Qualität. Nach vier bis fünf Tagen spätestens sollte sie gegessen sein. Die weiße Trüffel läßt sich nicht wirklich konservieren. Ihr flüchtiges Aroma geht verloren. Trüffelpasten sind ihren Preis meist nicht wert. Als Trüffelbutter, die man einfrieren kann, erfreut sie noch am ehesten den Genießer. Trüffelöl wird fast ausschließlich mit naturidentischen Aromastoffen hergestellt.

Und vor den Rezepten jetzt noch dieses: Weiße Trüffeln ißt man roh, sie entwickeln ihr Aroma auf warmen Gerichten, am besten in Verbindung mit Ei oder Käse. Aber nun einige Rezepte:

Crostini. Butter und Olivenöl mit einem Sardellenfilet in der Pfanne erhitzen. Weißbrotscheiben darin anrösten, noch warm mit gehobelten Trüffelscheiben servieren.

Carne cruda. Kalbsfilet in sehr dünne Scheiben schneiden, salzen, pfeffern, mit Olivenöl bestreichen und Trüffeln darüberhobeln. Oder Kalb-

Sollten Sie die einfachste und delikateste Variante vermissen, nämlich weiße Trüffeln mit Ei, hier einige Tips: Frische Nesteier im großen Schraubglas mit 2 oder 3 Trüffeln drei Tage im Kühlschrank aufbewahren. Durch die poröse Eierschale dringt das Parfüm der Trüffeln ins Ei. Manche schwärmen von Spiegeleiern mit Trüffelscheiben belegt, denn das rohe Eigelb transportiert das Aroma der Alba-Trüffel vortrefflich. Für das Rührei 3 frische Eier mit 2 Löffeln süßem Rahm verschlagen. In einer irdenen Eierpfanne einen Löffel Butter erhitzen und die Eier mit einem Holzspatel rühren, bis sie gestockt sind. Kurz vor dem Servieren Trüffelscheiben einrühren. Auch ein Ei im Töpfchen, mit Trüffelscheiben zwischen Rahm und Ei, wird sie begeistern. Und sollten Sie Piemont schon lieben oder sich nun auch für diese Landschaft, ihre Küche, ihre Weine und die gastfreundlichen Menschen dort interessieren, empfehle ich das Buch »Piemont und Aosta-Tal« von Martina Meuth und Bernd Neuner-Duttenhofer aus der Reihe »Kulinarische Landschaften«, erschienen bei Droemer Knaur: Hinreißende Fotos, einfühlsame Texte, authentische Rezepte.

fleisch mit dem Messer zu Tatar hacken, mit feinstgewürfelter Schalotte, etwas Stangensellerie, Salz und Pfeffer würzen, ein rohes Eigelb und Trüffelscheiben unterziehen, auf einem Teller anrichten und üppig mit Trüffelscheiben bedecken.

Tagliolini. 500 g Mehl mit 15 (!) Eigelb, einem Ei, einem Tropfen Olivenöl und einer Prise Salz zu einem Teig verkneten. Ruhen lassen. Dünn ausnudeln, antrocknen lassen, mit Maisgrieß bestreuen, aufrollen und mit einem Messer in feine Streifen schneiden. In Salzwasser al dente kochen, zwei Minuten genügen. In etwas Butter schwenken und auf dem Teller Trüffeln nach Gusto darüberhobeln.

Praliné d'Agliano, mit meinem Koch Andrea entwickelt, der aus dem piemontesischen Agliano stammt. Dicke Steinpilzscheiben in Olivenöl mit etwas Knoblauch braten. Auf die Pilzscheiben einen kleinen frischen Robiola-Käse setzen, der waagerecht aufgeschnitten und zwischen den beiden Hälften mit Trüffelscheiben belegt wurde. Mit gerade noch fließender Polenta überziehen, mit Fonduta begießen, Trüffeln darüberhobeln. Für die Fonduta 300 g Fontina-Käsewürfel in Milch einweichen. In einem Topf im Wasserbad einen Löffel Butter schmelzen lassen. Mit einem Holzlöffel drei Eigelb gut unterrühren. Diese Käsecrème mit Trüffeln schmeckt auch über Bandnudeln oder Gnocchi, und läßt sich mit Brotstückchen stippen.

Risotto mit Trüffeln. Schalottenwürfel in Olivenöl anschwitzen, Carnarolireis dazugeben, heiße Geflügelbrühe nach und nach angießen, kurz vor dem Servieren einen Löffel Butter, etwas Parmesan und Trüffelscheiben unterziehen. Reichlich Trüffeln darüberhobeln.

❦

Die weiße **Alba-Trüffel**, *Tuber magnatum pico*, gehört wie die anderen Trüffelarten zu den Schlauchpilzen. Die Rinde ist glatt und hellbeige. Die innere Fruchtschicht ist weiß bis bräunlich marmoriert, manchmal leicht rötlich, je nach der Baumart, in deren Nachbarschaft der Pilz gewachsen ist. Die weiße Trüffel hat von Oktober bis Weihnachten Sai-

son. Die frühen Exemplare sind meist nicht so gut und extrem teuer. Erklärungen für die alljährlich höheren Preise haben die listigen Tartufai immer: zu viel Regen, zu wenig Regen, zu warm der Sommer oder zu kalt. Die weiße Trüffel wächst nicht nur in der Langhe und im Roero, sie kommt in guten wie minderen Qualitäten auch aus der Toskana, Romagna, aus Umbrien und den Marken. Wie bei allen kostbaren Nahrungsmitteln wird verfälscht und betrogen. Vorbei sind wohl die Zeiten, als die Sammler mit ihren Hunden morgens im Contea auf ein Gläschen vorbeikamen und Stunden um den Preis für ihre Schätze im Schnupftuch feilschten, als Tonino hinter einem Berg von Trüffeln lachte. Und als Signore Ponzio, der reichste und größte Trüffelhändler der Region, in abgerissenen Kleidern frühmorgens die Bars abfuhr und die Beute der Nacht aufkaufte. Natürlich fuhr er einen alten R4, kein Piemonteser transportiert Trüffeln in der Alfetta oder im Lancia: »Trüffeln stinken!«

Wenn wir in dieser Jahreszeit vom Wildschwein sprechen, geht es um den Frischling oder Überläufer. Nicht, weil das ausgewachsene Wildschwein, wie Walterspiel bemerkt, der feinen Restaurant- und Herrschaftsküche fernzubleiben hat, sondern weil ältere Keiler und Bachen in der Rauschzeit, von Oktober bis Dezember, einen penetranten Geruch und Geschmack haben. Da hilft kein Beizen oder Marinieren, es ist auch kein »typischer Geschmack«, es stinkt nach Eber, nach Pisse. Beim Frischling oder Überläufer schmeckt sogar das Fett, das die Koteletten oder den Braten saftig hält. Ich beize oder mariniere nicht. Wird das Fleisch frisch und hygienisch verarbeitet, muß kein Hautgout überdeckt werden.

Zwei Frischlings-Stielkoteletten salzen und pfeffern. In heißem Öl von beiden Seiten anbraten. Bei kleiner Hitze garziehen lassen. Das ist in wenigen Minuten geschehen. Für die Sauce aus Knochen und Parüren vom Frischling und ein paar Kalbsknochen wie üblich einen Fond ziehen. Den entfetteten Fond mit einem Löffel Honig, einem Schuß Rotwein und etwas Kreuzkümmel einkochen. Mit ein, zwei Löffeln Hagebuttenmark (aus dem Reformhaus) abschmecken. Ich entkerne 200 g frische Hagebutten, koche sie mit Zucker und Zitronensaft weich und gebe die Früchte unpüriert in meine Sauce.

Dazu paßt ein Wirsinggemüse, das ich zubereite wie in Norditalien. Die äußeren Blätter, Strunk und Rippen entfernen. In Streifen oder Rauten schneiden und in Salzwasser blanchieren. In kaltem Wasser abschrecken und mit feingehackten Senffrüchten vermischt in Butter wärmen. Heiße geschälte Kastanien oder gebratene Polentascheiben dazu. Der Wein kann ein sanfter Brunello di Montalcino sein, ein Côte Rôtie oder ein Madiran, zum Beispiel ein Château Montus – und das Fest beginnt.

Will ich mir den Geschmack der Kindheit in Erinnerung rufen, den Wildschweinbraten im Gasthaus Förtschenbeck mit Opa am Markttag, entbeine ich die Keule eines Überläufers. Gut mit Salz und Pfeffer einreiben. Wacholderbeeren, Piment, Muskatblüte im Mörser zerstoßen und in die Furche streuen, die der Knochen hinterließ. Einen Streifen grünen Speck hineinlegen und den Braten in Form binden. In Butter ringsum anbraten. Feingehackte Zwiebeln, geputztes Suppengrün und

Frischling mit Hagebutten

❧

Sollten Sie einen »falschen Wild-schweinbraten« herstellen wollen, hier ein altes Rezept meiner Mutter. Einen Schweinekammbraten mit Wacholderschnaps einreiben. Drei Tage in einer Marinade aus einem Liter Rotwein mit Wacholderbeeren, 3 Nelken, Pfeffer-, Koriander- und Pimentkörnern, Lauch, Karotten, Sellerie und Zwiebelwürfeln ziehen lassen. Ein Fichten- oder Tannen-zweiglein mit frischen Trieben dazu-legen. Das Fleisch trockentupfen, Speckwürfel auslassen und das Fleisch darin anbraten. Die Gemüse aus der Marinade mit anrösten, einen Löffel Tomatenmark dazugeben und mit der Marinade ablöschen, ohne den Tannenzweig. Im Ofen fertig schmo-ren. Fond durch ein Sieb drücken und mit etwas Mehlbutter binden. Schmeckt fast wie Wildschwein.

Steinpilzabschnitte mit anrösten. Mit Wildfond und Rotwein auf-gießen. Bei 180 Grad gut zwei Stunden schmoren lassen. Fleisch her-ausheben, den Bratfond durch ein Sieb drücken und entfetten. Steinpilz-scheiben in Butter anbraten, mit dem Fond und 2,5 dl Sahne aufgießen und einkochen. Den Braten aufschneiden und mit der Sauce begießen. Dazu gibt es Kartoffel- oder Semmelknödel, ein frisches Bier und einen Vogelbeerschnaps. Im Frankenwald waren noch selbstgesammelte Höll-berla (Preiselbeeren) oder Soßenbirnen auf dem Teller, das waren kleine, recht holzige Birnen, mit einer Zimtstange in Läuterzucker weichge-kocht. Und der Wirt erzählte von seinen Abenteuern in Australien und wie er dieses Wildschwein selbst erlegte. Alle lachten, denn er war wohl in Australien, aber als erfolgloser Jäger im ganzen Ort bekannt.

Bringt mir heute ein befreundeter Jäger das Nackenstück eines Über-läufers mit einer schönen weißen Speckschicht, dann gibt es für gute Freunde selbstgemachte Wildschweinbratwurst. Das Fleisch mit dem Speck und ein Stück Bauchfleisch vom Hausschwein in große Würfel schneiden, mit einem Glas Grappa und einem Schuß Rotwein über Nacht im Kühlschrank stehen lassen. Dann durch die mittlere Scheibe des Fleischwolfs drehen, so daß ein grobes Mett entsteht. Mit Salz, Pfeffer, Cayenne und wildem Fenchelsamen ordentlich würzen. Getrock-nete Tomaten in feine Würfelchen schneiden und untermischen. Eine Tülle für dünne Bratwürste auf den Wolf setzen und das Brät in gewäs-serte feine Schafsdärme füllen. Fingerlange Würstchen abdrehen. Noch am gleichen Tag braten und verzehren.

❧

Das **Wildschwein**, *Sus scrofa*, ist in ganz Europa verbreitet. In Mittel-europa ist es größer als im Süden. Keiler werden bis 300 kg schwer. Die Damen heißen Bachen. Die Kinder sind die Frischlinge, anfangs mit gestreiftem Fell, sie werden als Jährlinge »Überläufer« genannt. Die Jagd auf Frischlinge und Überläufer ist ganzjährig offen, in manchen Ge-genden nur von Juni bis Januar. In der Paarungszeit sollten geschlechts-

reife Tiere weder geschossen noch verzehrt werden. Erlegte Tiere werden meist in Nacken, Schulter, Rücken und Keulen zerwirkt. Etwas Besonderes war früher der im Ganzen gefüllte Wildschweinkopf. Aber wer mag heute noch ein Wildschwein rasieren. Eine Delikatesse ist mild geräucherter Wildschweinschinken. Luftgetrocknete Wildschweinschinken, noch in der Decke, sind eine Spezialität der Toskana. Dort produzieren sie auch leckere Würstchen, meist in Öl eingelegt. Das Schwarzwild gehört übrigens zum Hochwild, das früher nur von den Herren des Adels gejagt werden durfte, mit der Saufeder. Heute sollten sie kräftig dezimiert werden, die Wildschweine, denn sie sind an vielen Orten zur Plage geworden, wie früher die adeligen Herren. »Drauf und dran, Spieß voran!«

Ente
mit Beifuß

❧

Wenn die Tage kälter werden, kann man beim Essen ruhig ein wenig schwitzen, mittags, bei einer knusprigen Ente mit Kraut und Klößen. Dabei mag ich die alte Streitfrage, ob die Ente für einen oder für zwei reicht, nicht entscheiden. Barocke Esser, die nicht ständig auf Kalorientabellen und Fettwerte achten, werden bei einem jungen Entchen aus den Vierlanden, aus Bayern oder Franken nicht teilen wollen. Es sei denn, man serviert ihnen vorher eine Entensuppe mit Leberknödeln von der Entenleber.

Für die Suppe eine Zwiebel halbieren und die Schnittflächen in einem Topf ohne Öl dunkel anrösten. Etwas Öl zugeben, das geschnittene Entenklein (Hals, Kopf, Flügel und Magen), gehacktes Röstgemüse, Lorbeer, Majoran, Pfefferkörner und drei frische Tomaten zugeben. Mit einem Schuß Weißwein und Wasser auffüllen. Anderthalb Stunden auf kleinem Feuer köcheln lassen und die Trübstoffe immer wieder abschöpfen. Die Brühe durch ein feines Sieb gießen, entfetten und salzen. Sie sollte leicht goldfarben und klar sein. 250 g Entenleber mit etwa 100 g Weißbrotscheiben, in Milch eingeweicht und ausgedrückt, durch die feine Scheibe des Fleischwolfs drehen. Eine feingeschnittene Zwiebel in einem Löffel Butter anschwitzen und dazugeben. Mit gehackter Petersilie, Majoran, Salz, Pfeffer und Muskat würzen. 3 Eier und gut 100 g Semmelbrösel mit der Masse verrühren. Mit zwei Löffeln Nocken abstechen und in der Brühe eine Viertelstunde garziehen lassen. Die Suppe mit je zwei bis drei Leberklößchen und Schnittlauch servieren.

Die Ente außen und innen gut salzen und pfeffern. In die Bauchhöhle einige Zwiebelstücke, eine Knoblauchzehe, Petersilie und reichlich Beifuß geben. Die Ente in einem Bräter ringsum anbraten. Röstgemüse (Sellerie, Zwiebeln, Karotten, Lauch) mit anbraten. Beifuß dazulegen, mit einem guten Schuß Weißwein ablöschen und ½ Liter von unserer Entenbrühe angießen. Im Rohr bei 150 Grad eine Stunde langsam garen, hin und wieder mit dem Fond begießen. Dann 10 Minuten bei 200 Grad knusprig braten. Die Beifußzweige herausnehmen, den Bratfond durch ein Sieb gießen und gut entfetten. Wer mag, kann den Beifuß abgestrichen in die Sauce legen. Beifuß hilft das Fett verdauen.

Ist die Ente alle, ißt der Franke »Kloß mit Soß«. Mir schmeckt ein mildes

Sauerkraut dazu am besten. 2 Zwiebeln, feingeschnitten, in einem Löffel Schmalz weichdünsten, 2 Lorbeerblätter, 4 Wacholderbeeren und 1 kg Kraut mit anschwitzen. 2 Äpfel, geschält und gewürfelt, 1 Schuß Apfelsaft, Salz, eine Prise Zucker, ¼ Liter Weißwein und ¼ Liter von der Entenbrühe dazugeben und eine Stunde bei sanfter Hitze simmern lassen. Wer mag, kann auch mit etwas Kümmel würzen. Dazu trinke ich ein Pilsener oder einen Riesling, warum nicht einen aus der Pfalz. Wenn Sie das Sauerkraut durch ein Rotkraut ersetzen, darf es ein Roter von der Ahr oder ein Burgunder aus einer Dorflage sein.

Fleischiger und von gutem Entengeschmack sind die Barbarie-Enten. Meist werden sie jedoch nicht so knusprig wie deutsche Enten. Die ausgelösten Entenbrüste, die heute überall angeboten werden, stammen in der Regel von solchen Arten. Sie garantieren das schnellste Entengericht. Entenbrüste parieren, das heißt Fettlappen und Sehnenteile entfernen, und mit einem scharfen Messer die Haut kreuzweise einschneiden. Gut salzen und pfeffern. In Öl auf der Hautseite anbraten. Wenn die Haut braun und knusprig ist, wenden und im Ofen bei 180 Grad in 10 Minuten fertiggaren. Zum Schluß die Haut mit Sojasauce einstreichen.

Leider fehlt nun eine Sauce. Wenn Sie etwas Geflügelfond oder gar Entenfond eingefroren haben, kein Problem. Sonst tut es auch ein Kalbsfond. In einem Topf einen Löffel Zucker leicht karamelisieren lassen. Feingeschnittene Orangenschale, ohne das Weiße, zugeben und mit dem Saft der Orange ablöschen. Mit Kalbsfond auffüllen und kräftig einkochen. Mit Balsamessig abschmecken. Die Entenbrüste in Scheiben aufschneiden, den Fleischsaft zur Sauce geben und das Fleisch auf der Sauce servieren. Ein Gratin von Kartoffeln und kurz blanchierte Zuckererbsen passen dazu. Für das Gratin Kartoffeln schälen und in feine Scheiben schneiden. In eine gebutterte Form schichten, mit Salz, Pfeffer und Muskat würzen, zerlassene Butter und einige Löffel Sahne darübergeben. Bei 180 Grad ist dieses Gratin, dünn geschichtet, in einer Viertelstunde fertig.

Hervorragend schmecken Barbarie-Entenbrüste warm geräuchert. Die gewürzten Brüste in Öl kurz und kräftig auf der Hautseite braunbraten. Im Räucherofen oder im Wok das Räuchermehl erhitzen. Wenn es raucht, die Brüste für 8 bis 10 Minuten auf den Rost setzen, den

Sollten Sie Ihre Enten mit Beifuß nicht ganz geschafft haben, können Sie die Reste so verwerten: Das übriggebliebene Fleisch mit der Haut von den Knochen lösen und feinhacken. Zwiebel, Knoblauch, Karotte, Sellerie, Apfel in ganz feine Würfel schneiden. In etwas Fett anschwitzen und mit einigen Löffeln von der Entenbrühe oder besser von der Entensoße weichkochen und mit dem Fleisch vermischen. Kräftig mit Salz, Pfeffer, gehackter Petersilie und Majoran würzen. Das Entenfett (Flomen) kleinschneiden und auslassen. Die Grieben herausnehmen und ebenfalls kleingehackt zur Masse geben. Eine Rührschüssel auf Eis stellen und das etwas abgekühlte Entenfett mit dem Schneebesen kaltschlagen. Das Fett wird schneeweiß und steif wie Schlagsahne. In die abgekühlte Fleisch-Gemüse-Mischung nach und nach das aufgeschlagene Entenfett heben. Gut durchkühlen lassen. Dies »Rillettes« schmeckt auf Bauernbrot, und ganz besonders gut, wenn Sie das Brot auf der Herdplatte anrösten und mit Knoblauch einreiben.

Wok mit einem Deckel gut verschließen. Wenn Sie bei sanfter Hitze räuchern, werden die Brüste durch und durch rosig, ohne blutig zu sein. Fein aufgeschnitten auf Salaten sind sie eine feine Vorspeise. Ich serviere die warmgeräucherte Entenbrust auf einem Salat von gekochten Linsen und Gemüsewürfelchen, der mit Olivenöl, Balsamico-Essig und viel Petersilie angemacht ist.

Die **Ente**, *Anas*, ist ein Schwimmvogel, der sich in der Regel sein Futter selbst sucht und fast alles als Nahrung verwertet. Fürs Wohlbefinden sollte ein Teich oder Wasserlauf in der Nähe sein. Die Vierländer Enten sind schwere weiße Enten vom Typ der Landente. Die meisten der weißen Zuchtenten sind Abkömmlinge der amerikanischen Zuchtrichtung der Peking-Ente. Rouenaiser und Nantaiser Enten haben einiges von der Wildente. Auch bei uns gibt es noch dunkle Rassen, z. B. die Pommernente oder die Smaragdente. In die heute verbreiteten Barbarie-Enten wurden südamerikanische Hausmoschus-Enten eingekreuzt. Jungmast-Enten werden zu Millionen aufgezogen, sie sind schon nach acht bis zwölf Wochen schlachtreif. Die Gefahr, an eine alte zähe Ente zu geraten, ist gering. – Der **Beifuß**, *Artemisia vulgaris*, ist ein würziges, leicht bitter schmeckendes Kraut mit schmalen, spitzen Blättern, oben grün, auf der Rückseite mit weißlichem Filz überzogen. Die Blätter und die noch nicht geöffneten grünlichweißen Blütenträubchen dienen frisch oder getrocknet als Würze zum Gänse-, Enten- oder Schweinebraten. Kräftiger ist der Strandbeifuß, der in den Salzwiesen der Küsten wächst. Der Beifuß gehört zu den Wermut-Gewächsen und hilft wie diese, Fett besser zu verdauen.

126

Mangiafagioli, Bohnenfresser, nennt man in Italien die Toskaner. Früher die Hauptnahrung und Lieblingsspeise dieser Region, sollten die weißen Bohnen nun auch die Leibspeise der Toskanafraktion geworden sein. Fehlanzeige. Zwar wird der Kochbuchmarkt von einer Flut »toskanischer« deutscher Literatur überschwemmt, aber es handelt sich meist um eine Toskana, die in Hamburger Kochstudios täglich neu erfunden wird. Öl, Brot, Wein und Bohnen, das ist die Toskana. Keine Pasta!

Trotzdem zuerst ein Gericht mit Bohnen und Nudeln. Pasta e fagioli stammt eigentlich aus dem Veneto. Dort nimmt man keine weißen Bohnen, sondern frische Borletti-Bohnenkerne. Die sind bei uns als Feuerbohnen mit rotweißgefleckten Hülsen auf dem Markt. Frische Bohnen braucht man nicht einzuweichen. Getrocknete Bohnen muß man schon am Tag zuvor oder über Nacht in reichlich kaltes Wasser legen. 1 große Zwiebel, 3 Knoblauchzehen, Majoran, Salbeiblätter, einen kleinen Rosmarinzweig, 2 Karotten, 1 Sellerieherz, allesamt kleingeschnitten, in Olivenöl anrösten, 1 Löffel Tomatenmark dazugeben und mit 2 Litern Fleischbrühe aufgießen. 500 g frische Bohnenkerne (oder 200 g eingeweichte Bohnen) hineinschütten und kochen, bis die Bohnen fast weich sind. 4 gehäutete und entkernte Tomaten und 200 g Pasta (am besten Ditalini oder Cannolichi, die sehen aus wie kurzgeschnittene Maccheroni) dazugeben und kochen, bis die Nudeln al dente sind. Die Bohnen sind dann weich. Mit frisch gehackter Petersilie und Parmesan bestreuen, gutes Olivenöl nach Gusto dazugießen. Im Veneto kocht man 2 oder 3 Schweinefüße mit und gibt das Fleisch kleingeschnitten in die Suppe zurück. Das ist ein Essen nach schwerer Gartenarbeit.

Sonst mag ich die kleinen weißen Bohnen (ital. cannellini, franz. haricort de cocos) am liebsten als Salat. Die Bohnen über Nacht einweichen, dann mit frischem kaltem Wasser mit Salz, einer geschälten Zwiebel, einigen Knoblauchzehen, einem Salbeizweig und einem Schuß Olivenöl weichkochen. Gemüse entfernen und die Bohnen abgießen. Mit feingehackten Schalotten, Rosmarin oder Salbei, etwas Kochwasser, Zitronensaft und feinstem Olivenöl gut gepfeffert servieren. Diesen Salat lauwarm oder kalt genießen.

Er läßt sich nach eigener Phantasie anreichern, zum Beispiel mit Toma-

Sollten Sie sich in Südwestfrankreich zu einem Cassoulet verführen lassen, tun Sie's am Mittag. Der Verdauungsspaziergang, der danach nötig wird, dauert sonst die ganze Nacht. Leider sind Wohlgeschmack und Nahrhaftigkeit derart mit Schwerverdaulichkeit verbunden, daß sich nur Personen mit eisernen Mägen oder Schwerstarbeiter ungestraft daran satt essen können. Gleichwohl liebe ich dieses schwere Winteressen.

Für das Cassoulet eingeweichte weiße Bohnen mit einer Speckschwarte, einer Zwiebel, mit Nelke gespickt, und ein paar Knoblauchzehen in kaltem Wasser aufsetzen, die Bohnen fast garkochen. Knoblauch, Zwiebeln, Karotten und Sellerie in Enten- oder Gänseschmalz andünsten, Scheiben vom Schinkenspeck, kleingeschnittenes Entenconfit (Entenkeulen in Schmalz eingekocht), Knoblauchwurst, Scheiben von Blutwurst und gepökelter Schweinezunge mit den Bohnen in ein Steingutgeschirr schichten. (Je nach Ort oder Köchin kommt Lammfleisch, Schweinefleisch oder Gans ins Cassoulet.) Mit etwas Fleischbrühe auffüllen und mit Semmelbröseln, gehackter Petersilie und Butterflocken bestreuen. Für 10 Minuten in den 200 Grad heißen Ofen schieben. Die Kruste unter den Eintopf ziehen und erneut mit Bröseln wie oben bestreuen. Zurück in den Ofen und fertiggaren. Die Bohnen müssen richtig weich sein, sonst rumoren sie mächtig im Gedärm. Sie sind der Anlaß, einen guten Bordeaux zu köpfen. Stilecht ist aber ein kräftiger Madiran. Und zwischendurch als Verdauungshilfe ein »Trou Cascon«, ein eiskalter weißer Armagnac.

tenconcassé und Paprikawürfeln. Oder Sie heben zerpflückten Thunfisch mit gehackten Zwiebeln und Petersilie unter. An der toskanischen Küste servieren sie lauwarmen Bohnensalat mit gebratenen frischen Scampi oder Garnelen oder mit gehackten getrockneten Tomaten und darübergeriebener Bottarga. (Das ist getrockneter Meeräschenrogen; gibt es in italienischen Spezialitätengeschäften.)

Ich vermische gekochte Cannellini-Bohnen mit vorgegarten Kartoffelwürfeln, gehackten frischen und getrockneten Tomaten, frischen Kräutern und gare darauf im Backofen ein Filet von der Dorade oder vom Loup de mer, mit Fischfond, Weißwein und reichlich Olivenöl übergossen.

Eine besondere Leckerei ist ein Püree von weißen Bohnen. Bohnen wie beschrieben weichkochen. Mit etwas Kochwasser, der mitgekochten Zwiebel und den ausgedrückten Knoblauchzehen pürieren, durch ein Sieb streichen. Mit einem Holzlöffel frisches Olivenöl unterschlagen. Mit gebratenen Garnelenschwänzen und Rosmarinspeck eine süchtig machende Vorspeise. Oder Sie mischen ein Drittel durchgepreßte gekochte Kartoffeln unter und schlagen mit Olivenöl auf. Das ist eine herrliche Beilage zu gegrilltem Fisch.

Die **weiße Bohne**, *Faseolus vulgaris*, ist eine Hülsenfrucht. Als Gartenbohne stammt sie wohl aus Mittelamerika. Sowohl die grünen Bohnen, die Busch-, Bobby-, Prinzeß-, Wachs- und Stangenbohnen, sind eine späte Züchtung, als auch die Varietäten der Gartenbohne: Perl-, Wachtel-, Kidney-, Borletti- und Schwarze Bohne lassen sich erst seit dem sechzehnten Jahrhundert mit Sicherheit nachweisen. Frijoleras wurden in Europa zuerst in Valencia angebaut und kamen im siebzehnten Jahrhundert mit den Holländern nach China. Die Bohne der Antike und des Mittelalters war die Feld-, Sau- oder Puffbohne. Sie ist botanisch aber eine Wickenart. Und Witze über die geräuschvollen Folgen des Bohnengenusses beziehen sich auf die Puffbohne. Auch die Bohnen des

Pythagoras waren Fave-Bohnen. Die weißen, roten und schwarzen Gartenbohnenarten ernähren große Teile Mittel- und Südamerikas. Sie bieten eine ideale Nährstoffkombination aus hochwertigen Proteinen, Stärke und viel Ballaststoffen. Das Einweichwasser sollte man nicht verwenden. Die Mexikaner schütten sogar das Kochwasser weg. Sie verzehren etwa hundert Kilogramm Bohnen pro Kopf und Jahr mit Chilis und Tortillas. Im Chili con carne, das heute als Eintopf überall mit reichlich roten Kidney-Bohnen serviert wird, haben die Bohnen eigentlich nichts verloren. Ursprünglich war das, wie der Name schon sagt, Fleisch mit Chili, Tomaten und Zwiebeln. Aber es gibt Völker, die essen schon zum Frühstück baked beans.

Waren Sie auch schon enttäuscht, wenn Sie erwartungsfroh Fasan bestellten und dann einen trockenen Vogel auf dem Teller hatten? Ich gestehe, auch mir gerät mancher trocken. Meist liegt es am Vogel. Angejahrt, männlich, eine Minute zu lang im Ofen und das Unglück nimmt seinen Lauf. Dann hilft kein Sauerkraut und keine Sauce. Am besten ist eine junge fette Henne, wenn Sie den Fasan im Ganzen zubereiten wollen. Sorgfältig ausnehmen, innen mit etwas Sherry auswaschen und den Kropf entfernen. Alle Federreste sorgfältig abzupfen oder über dem Gas abflämmen. Außen und innen kräftig salzen und pfeffern. Einige Wacholderbeeren in den Bauch geben. Die Brüste mit grünen Speckscheiben abdecken und den Fasan in Form binden. Ringsum anbraten und mit einem Glas Marc de Gewurztraminer begießen und flambieren. Mit Zwiebeln, Röstgemüsen, 2,5 dl Geflügel- oder Wildfond und 2,5 dl Wein (Gewürztraminer) in den auf 180 Grad vorgeheizten Ofen schieben. Ab und an mit etwas Wein und dem Bratfond begießen. Nach 30 bis 40 Minuten sollte der Vogel gar und noch saftig sein. Als Beilage eignet sich geschmorter Chicoree und ein Kartoffelpüree. Soll es aber wirklich Sauerkraut sein, dann schwitzen Sie 2 feingehackte Zwiebeln in etwas Gänseschmalz an, geben mildes Sauerkraut dazu und gießen mit Brühe oder Gewürztraminer auf. Einen Apfel und ein Stück Kartoffel dazureiben und wie üblich fertiggaren. Ist die Flüssigkeit fast verdampft, mit einigen Löffeln Sahne binden. Den Fasan im Ganzen oder tranchiert auf dem Sauerkraut servieren.

Für die Sauce den Bratfond durch ein Sieb drücken, gut entfetten und mit 2,5 dl Rahm einkochen. Gehäutete, halbierte, helle Trauben, in Marc de Gewurztraminer eingelegt, dazugeben. Dazu paßt ein Gewürztraminer Altenbourg von Colette Faller aus Kaysersberg im Elsaß. Seine üppige Fülle schafft jeden Fasan.

Wollen Sie ganz sichergehen, bereiten Sie Koteletten vom Fasan. Wie oben vorbereiten und die Brüste mit der Haut und den Flügelknochen ablösen. Die Schenkel abtrennen und ihr Fleisch, ohne Haut und Sehnen, abschaben. Die Karkassen in Stücke hacken, mit Röstgemüsen und Zwiebeln in Öl anbraten, mit einem kräftigen Schuß Gewürztraminer ablöschen, mit Geflügelbrühe oder Wildfond aufgießen und einkochen. Durch ein Sieb passieren und entfetten. Ein gut gewässertes

Fasan in Gewürztraminer

Sollte der Fasan, den Sie im Ganzen gebraten haben, wider Erwarten doch zu trocken geworden sein, gehen Sie essen. Ärgern Sie sich über den trockenen Fasan im Restaurant und schwören Sie, das nächstemal für dieses Gericht ein Perlhuhn zu nehmen. Oder Sie pürieren in der Moulinette das trockene Fasanenfleisch mit etwas Bratfond ganz fein. In 2,5 dl heißer Sauce lösen Sie 5 Blatt eingeweichter Gelatine auf und rühren die Flüssigkeit unter das Fleisch. 2,5 dl Sahne steifschlagen, unterheben, würzen und durchkühlen. Mit zwei Löffeln Nocken abstechen und auf Croutons setzen, mit weißen Trüffelscheiben belegen. Mit einem Glas altem Madeira wäre das der entspannte Beginn des nächsten Essens.

Schweinenetz (beim Metzger vorbestellt) ausbreiten. Die gewürzten Fasanenbrüste mit der Hautseite darauflegen. Das kleine Filet abnehmen und die Sehne entfernen. Die Brust längs etwas einschneiden und ein daumengroßes Stück Gänsestopfleber hineindrücken. Das Schenkelfleisch mit einer in Sahne eingeweichten Weißbrotscheibe und etwas Gänseleber zu einer Farce pürieren, mit Salz und Pfeffer würzen und auf die Gänseleber streichen. Mit dem plattierten Filet verschließen und das Netz darüberschlagen. Die »Koteletten« – das Flügelbein steht wie ein Stielknochen aus dem Paket – vorsichtig auf beiden Seiten anbraten. Mit der Hautseite nach unten im Ofen bei 180 Grad 15 bis 20 Minuten fertigbraten. Zum Schluß mit etwas Fond übergießen. Mit Sauce und Sauerkraut anrichten, wie beschrieben.

Oder Sie lassen das Sauerkraut und bei der Sauce die Trauben weg und servieren ein luftiges Kartoffelpüree dazu, mit Alba-Trüffelöl aromatisiert. Die Brüste dann mit der Soße überziehen und weiße Trüffeln über Püree und Fleisch hobeln. Dazu schmeckt ein großer weißer oder roter Burgunder, aber auch eine Riesling Auslese, Vendage tardives, von Madame Faller.

Der **Fasan**, *Phasianus colchicus*, gehört zu den Wildhühnern. Heute in ganz Europa verbreitet und als König der Wildgeflügel gepriesen, ist er ein entflohener Fremdling in unseren Gefilden. Die Griechen sollen ihn im Kaukasus am Fluß Phasis kennengelernt haben. Die Römer, die ihn schon in Gehegen züchteten, brachten ihn nach Mitteleuropa. Wegen seines prächtigen Gefieders wurde er, wie der Pfau, in Fasanerien gehalten und ist von dort ausgewildert. Die Hennen sind, ob nun Jagd-, Ringoder Mongolenfasan, unscheinbar graubraun. Die Hähne sind grünviolett und goldfarben, um die Augen rot gezeichnet. Daß man den Fasan abhängen lassen müsse, am Kopf aufgehängt, bis er abfällt, ist eine Irrlehre. Diese Stinker wollte Brillat-Savarin den Engeln als Speise vorsetzen. Im Federkleid drei Tage im Kühlhaus genügen. Auch soll der Fasan ausgenommen und mit Sherry ausgewaschen werden, spätestens nach einer Woche gehört er, trotz Kühlhaus, in den Topf. Hennen sind zarter als Hähne, aber junge Hähne sind sehr schmackhaft. Den jungen Hahn erkennt man am nur warzengroßen Sporn oberhalb der Zehen, je älter der Hahn desto stärker ist dieser Sporn ausgeprägt. Die meisten Fasane kommen aus Zuchten. Oft werden sie nur kurz ausgewildert und dann erlegt. Ein junger Fasan aus freier Wildbahn ist heute eine Rarität. Ist er dann noch ordentlich zubereitet, das Fleisch zart und saftig, stimme ich Voltaire zu, der begeistert ausrief: »Der Fasan ist eine Speise für die Götter.«

Gnocchi und Kartoffelklöße

❧

Vor fast zwanzig Jahren kochte ich für unsere Theatertruppe in einem Weingut, Fattoria Rignana, unter den gestrengen Augen dreier italienischer Hausfrauen Gnocchi di patate. Es entbrannte ein heftiger Streit über das richtige Rezept. Als Franke hielt ich mich an die heimischen Kloßerfahrungen und überzeugte die Mama aus Sardinien und auch die Dame aus Florenz. Die aus Neapel stammende Köchin war eh meiner Meinung.

Für Gnocchi mehligkochende Kartoffeln (keine frühen Sorten) in der Schale in Salzwasser garkochen, abdampfen lassen und pellen. Durch die Kartoffelpresse drücken. Ein Ei auf ein Kilo Kartoffeln, Salz, frischgeriebene Muskatnuß und etwas Mehl dazugeben. Ich bemehle die Hände dick beim Teigmischen und rolle den Teig auf einer kräftig bemehlten Fläche aus. Er ist richtig, wenn er nicht mehr klebt. Die Gnocchi werden wie Wölkchen, wenn möglichst wenig Mehl verarbeitet wird und die Kartoffelmasse noch warm ist. Den Teig in gut daumendicke Rollen auswellen und in 2 cm lange Stücke schneiden. Mit dem Daumen leicht eindrücken. So entsteht eine kleine Vertiefung, ein Nabel, der die Sauce besser aufnimmt. Gnocchi portionsweise in sprudelndem Salzwasser kochen. Wenn sie oben schwimmen, sind sie gar. Mit einem Schaumlöffel herausheben, gut abtropfen lassen und kurz in zerlassener Butter schwenken.

Ich mag Gnocchi mit einem kräftigen Löffel Pesto, Butter und Parmesan vermischt. Oder schmelzen Sie in etwas Sahne ein Stück Gorgonzola und schwenken die Gnocchi darin. Man kann sie nun so servieren oder in eine Gratinform geben, mit geriebenem Fontina und Parmesan bestreuen und bei starker Oberhitze kurz gratinieren. Gnocchi schmecken mit Butter und Salbei, mit Tomaten, Mozzarella und Basilikum, mit Bologneser Sauce. Mit Fonduta und weißen Trüffeln sind sie ein besonderer Leckerbissen. Und schlicht mit Bratensauce erinnern sie an den fränkischen »Kloß mit Soß«.

Eines haben Gnocchi und Kartoffelklöße gemeinsam: genaue Mengenangaben sind Glücksache. Alles hängt von der Kartoffelsorte und ihrem Stärkegehalt ab. Den Gnocchi am ähnlichsten sind die fränkischen Kartoffelspatzen, die aus dem gleichen Teig gemacht, aber zu spitz zulaufenden Würstchen geformt nach dem Kochen in Butter angebraten werden. In Baden heißen sie Schupfnudeln, in Hessen Bubespitz. Nächst verwandt sind die gekochten Klöße, in Franken auch »Baumwollna« oder »Seidne« genannt. Ein Kilo Pellkartoffeln durch die Presse drücken, mit 250 g Kartoffelstärke, Salz und einer Kelle Kochwasser gut durchmischen. Geröstete Weißbrotwürfel in die Mitte geben und pfirsichgroße Klöße formen. Ins kochende Salzwasser geben und 14 bis 20 Minuten garziehen lassen. Manche geben Milch statt Wasser zum Kartoffelteig, andere rühren Butter schaumig, geben ein Ei dazu und mischen auch Mehl hinein. In unserer Verwandtschaft hatte jede Hausfrau ihr Spezialrezept. Erst recht bei den rohen Fränkischen oder Thüringer Klößen.

Meine Mutter bereitete ihre »Rohen« folgendermaßen. 2 Kilo Kartoffeln, geschält und gewaschen, in eine mit kaltem Wasser gefüllte Schüssel reiben. Wichtig ist, daß die Reibe unregelmäßige Fäden reißt. Auf die Fingerkuppen achten. Das Wasser fast ganz abgießen und wieder frisches dazugeben. So werden die Klöße nicht gar zu »schwarz«. Meine Mutter schwefelte ihre geschälten rohen Kartoffeln vorher, indem sie ein kleines Schwefelplättchen anzündete und die rohen Kartoffeln zugedeckt kurz dem Rauch aussetzte. Bei einem Frankfurter Apotheker rief ihr Wunsch nach Schwefelblättchen für Klöße helles Entsetzen hervor. Das ist natürlich ungesund.

Die geriebene Masse wird in einem groben Leinensack sehr kräftig ausgedrückt. Die Masse wird dann mit der im Ausdrückwasser abgesetzten Stärke vermischt, gesalzen und mit 750 g durchgepreßten Salzkartoffeln und einer Kelle Kochwasser verrührt. Mit gerösteten Semmelstücken füllen und Klöße formen. In siedendem Salzwasser eine halbe Stunde garziehen lassen. Aus dem Wasser direkt auf den Tisch bringen. Tante Kuni kochte aus Milch und den gekochten Kartoffeln einen flüssigen Kartoffelbrei und rührte ihn heiß unter den rohen Kloßteig. Die angegebene Menge ergibt reichlich Klöße. Aber drei sind für einen Franken die normale Portion. Und wie sagte der Franke zur guten Fee, als er drei Wünsche frei hatte: »Klöß, Klöß und noch a Klößla.«

Sollten Sie die Mühe des Klößekochens nicht auf sich nehmen wollen oder keine richtige Reibe mehr haben, dann nehmen Sie »frischen« Nürnberger Kloßteig, der in Beuteln abgepackt in manchen Kühlregalen steht. Er ist den Klößen aus der Tüte weit überlegen.

Und sollten Sie eine größere Menge Gnocchi zubereiten, können sie diese ungekocht, auf einem bemehlten Blech einfrieren. Gefroren vom Blech lösen und portionsweise in Beuteln im Gefrierschrank aufbewahren. Bei Bedarf aus der Kühltruhe direkt ins sprudelnde Kochwasser geben. Das schmeckt immer noch besser als alle Gnocchi aus der Packung.

Die **Kartoffel**, *Solanum tuberosum*, auch Erdapfel und Krumbeere genannt, ist ein Nachtschattengewächs, das aus Südamerika zu uns kam. Dort wurde sie seit Tausenden von Jahren als Wildpflanze verzehrt und von den Inkas in der Gegend von Cuzco lange vor Ankunft der Konquistadoren kultiviert und sogar gefriergetrocknet. Um 1540 kam sie nach Galizien und wurde in Spaniens Klostergärten angebaut. Der Sklavenhändler John Hawkins soll sie nach Irland, Francis Drake nach England mitgebracht haben. Der Basler Botaniker Bauhin hat ihr 1595 den Namen gegeben. Elsholtz gab einige Jahrzehnte später schon Kochanweisungen für »Tartuffeln, ein newes Gewechs aus Peru«. Mit der Feldküche der spanischen Infanterie war die Kartoffel nach Deutschland gekommen und breitete sich nach dem Elend des Dreißigjährigen Krieges nur langsam aus. Friedrich der Große verordnete Anbau und Verzehr unter Androhung drakonischer Strafen. Aber erst während der Teuerung nach dem Siebenjährigen Krieg schwanden die Vorurteile gegen die Kartoffel, die heute eines der wichtigsten Grundnahrungsmittel ist. Von dreitausend bekannten Sorten sind etwa hundert bei uns zugelassen und dreißig davon kommen regelmäßig in den Handel. Wir unterscheiden Frühkartoffeln und späte Sorten. Die frühen sind zum sofortigen Verbrauch bestimmt, die späten lassen sich monatelang einlagern. Dann unterscheidet man »festkochende« Sorten (für Salat und Bratkartoffeln) von »vorwiegend festkochenden«, die mittelfest bis leicht mehlig sind (für Salz- und Pellkartoffeln), und den »mehligkochenden« (für Klöße, Suppen und Pürees). Eine gute frühe Sorte ist die Sieglinde. Die beste Salatkartoffel ist das Bamberger Hörnle. Gute mehligkochende Sorten sind Bintje, Désirée und Aula. Wenn Sie mehr über Kartoffeln wissen wollen, der große Pariser Kollege Joel Robuchon hat ein Buch mit dem Titel »Kartoffel-Zaubereien« geschrieben, erschienen in der Collection Heyne.

Dieser seltsame Meeresbewohner kommt bei uns nur selten auf den Markt. Und er wird fast nie im Ganzen angeboten, sind doch nur die »Flügel« und die »Bäckchen« genießbar. In der Küche unserer Vorfahren war der Rochen als ein Seefisch beliebt, der zwei, drei Tage Lagerung vertrug. Dabei verschwand auch der Ammoniakgeruch, der dem frischen Rochen anhaftet.

Es ist nicht einfach, an das leckere Fleisch heranzukommen. Es sitzt zwischen der schleimigen Haut und den spaghettiartigen, knorpeligen Gräten. Geschickte Köche filetieren die frischen Rochenflügel, sie ziehen die Haut mit einem scharfen Messer vom Fleisch und lösen dieses von den Gräten. Der Nachteil ist, daß das Fleisch beim Kochen sehr leicht zerfällt. Sie können die Rochenflügel für drei Minuten in kochendes Wasser geben, herausheben und die Haut abziehen. Die Flügel dann in Courtbouillon mit der Gräte fertiggaren. Jeder Esser löst das Fleisch selbst ab, oder Sie lösen die Portionen vor dem Servieren. In Pariser Bistros gab es den Rochen klassisch in Beurre noir. Das schmeckt wunderbar. Doch wegen der erkannten Krebsgefahr ist die schwarze Butter heute von der Tafel verbannt.

Die Flügel über Dampf zu garen ist eine der besten Methoden, den Rochen zuzubereiten. Die gehäuteten Rochenflügel auf ein gebuttertes Backpapier oder Salatblatt in das Sieb eines Coucoustopfs oder auf ein chinesisches Dampfsieb setzen und über kochender Courtbouillon zugedeckt 15 bis 20 Minuten dämpfen. Gut schmeckt dazu eine Kapern-Zitronenbutter, die ich beim Stör schon beschrieben habe.

Das in feine Lamellen zerfallende Rochenfleisch harmoniert mit »Meeresbohnen«, französisch Salicorn, auf deutsch: Gemeiner Queller. Die frischen grünen Sprossen waschen und abzupfen, die unteren Teile sind oft holzig. Kurz blanchieren und abschrecken. In Butter schwenken und auf den Teller geben, das Rochenfleisch daraufsetzen und mit einer Beurre blanc, mit Essig oder Kapern kräftig abgeschmeckt, servieren. Am besten passen Salzkartoffeln. Der Wein kann ein frischer Muscadet sur lie sein oder ein spritziger, leichter Saar-Riesling vom Weingut Dr. Wagner in Saarburg.

Ein delikates Rochengericht aß ich vor Jahren in Paris bei Joel Robuchon noch im Jamin. Den Rochen filetieren und in Portionen schnei-

Rochen mit Salicorn

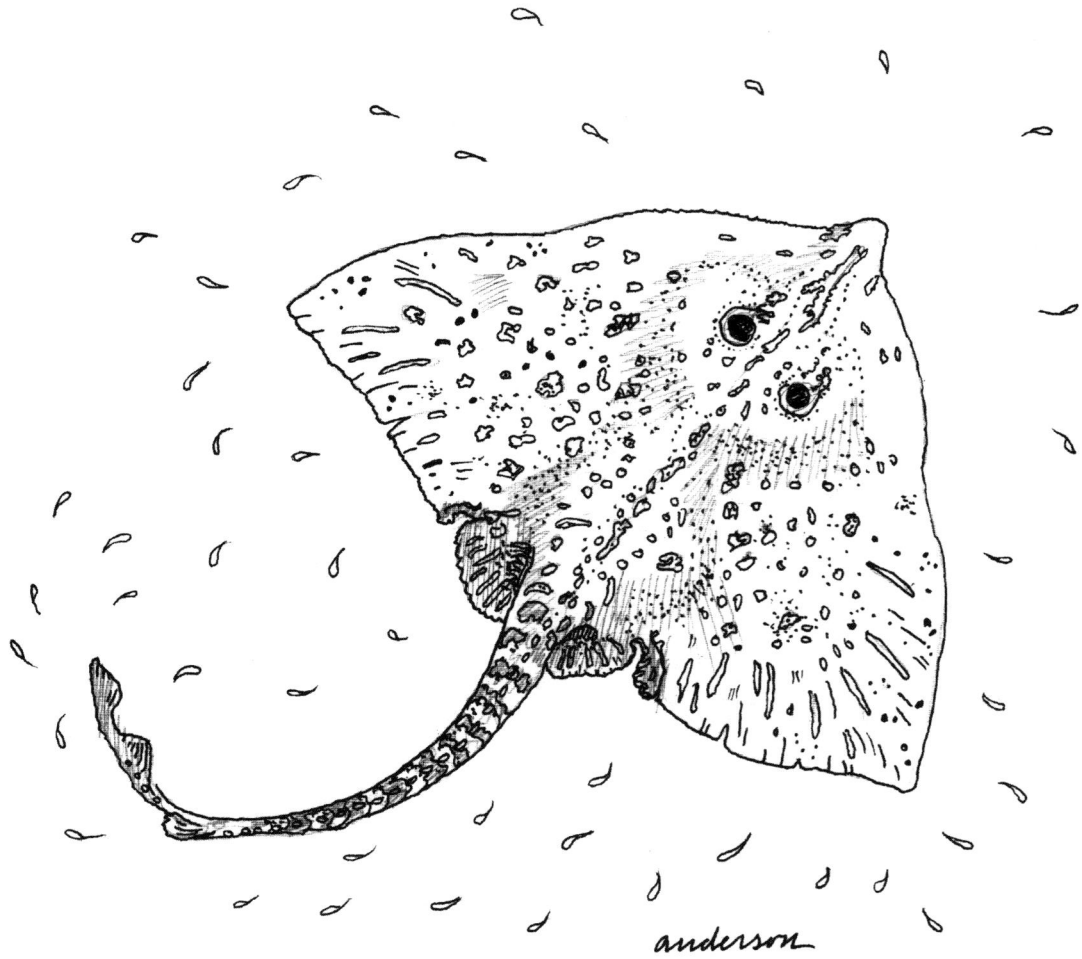

den. Mit Salz, Pfeffer und Curry würzen, in Olivenöl in einer beschichteten Pfanne von beiden Seiten kräftig braten. Champignons blättrig schneiden, mit Zitronensaft beträufeln und zusammen mit feingeschnittenen Artischockenböden in Öl kräftig anbraten, würzen, mit den Rochenstücken belegt servieren. Für die Sauce 2 Löffel Butter schmelzen und 2 Löffel japanische Sojasauce dazugeben, nußbraun einkochen und über das Gericht gießen. Dazu einen Savennières von der Loire,

138

einen älteren Jahrgang Clos de la Coulée de Serrant von Joly oder einen Clos de Saint Yves von der Domaine des Baumard. Erst nach vier oder fünf Jahren entwickeln diese Weine ihr phantastisches Bouquet.

✻

Der **Rochen**, *Raja clavata*, ist ein Knorpelfisch mit flachem, rautenförmigem Leib und peitschenartigem Schwanz. Die Oberseite ist braun bis dunkel und gefleckt. Das Maul liegt auf der weißen Unterseite. Auf der schuppenlosen rauhen Haut sitzen spitze Knochenstacheln, die Haut ist mit Schleim bedeckt, solange der Fisch frisch ist. Es gibt etwa vierzig Rochenarten. Am begehrtesten ist der beschriebene Nagelrochen. Flecken-, Glatt-, Spitz- und Marmorrochen sind von regionaler Bedeutung. Der Ammoniakduft des Rochens ist ausnahmsweise ein Zeichen für Frische, wie die weiße Farbe des Bauchs und der Schleim auf der Oberseite. Wenn Sie die Haut entfernen, verschwindet der Geruch. Früher bekämpfte man ihn mit Essig. Oder man gart den Rochen in Verjus, wie im »Pariser Kochbuch« von 1872. – Der **Queller**, *Salicornia europaea*, wird oft fälschlich als Meeresalge oder Meeresbohne verkauft. Er ist aber ein urzeitliches Schachtelhalmgewächs, das wie ein schlanker Miniaturkaktus aussieht. Diese salzliebende Küstenpflanze wächst im Schlickwatt der Gezeitenzone und auf den Salzmarschen. Am besten zwicken Sie die oberen Spitzen der dickfleischigen Pflanze ab. Im Kühlschrank hält sie einige Tage. Erst vor dem Zubereiten waschen, Süßwasser mag der Queller nicht. Er zersetzt sich darin nach kurzer Zeit. Sie können den Queller auch blanchieren und in gesalzenem Essigwasser einlegen. Es gibt inzwischen Salicorn als französisches Konservenprodukt.

Sollten Sie bei einer Wanderung im Watt Queller finden, nur die Spitzen sammeln! Darauf achten, daß Sie nicht im Schlick versinken, vor allem das Wurzelgeflecht nicht beschädigen. In Naturschutzgebieten ist das Sammeln wohl nicht erlaubt. Dieses vergessene Wildgemüse ist eine vorzügliche, leicht salzige Beilage für alle Fischgerichte. Es paßt auch hervorragend zu einem Braten von Salzwiesenlamm, das sich vom Queller oft ernährt. Kurz blanchiert, mit Räucherlachs und rohen Lachsstreifen vermischt, ist der Queller eine leckere Vorspeise. Sie können den Queller auch pürieren und durch ein feines Sieb streichen. Aus Weißwein und einigen feingehackten Schalotten eine Reduktion einkochen, kalte Butterstückchen und das Püree mit dem Mixstab einschlagen. Diese zarte, grüne Buttersauce paßt gut zu Lachs und natürlich auch zum Rochen.

Die Gans

Sie ist der Vogel, der aus Tradition an Weihnachten in den Ofen geschoben wird, die dumme Gans. Konrad Lorenz hat bei seinen Graugänsen einige Intelligenz entdeckt und wurde von ihnen fast adoptiert. Am besten sind sie jung, noch vor Martini gebraten. Das pommersche Stoppelgänschen ist wie der pommersche Landjunker aus der Mode gekommen.

Ich gestehe, daß ich nicht so wild bin auf Gänsebraten. Die knusprige Haut und die Sauce mit Klößen gehen noch an. Der Bürzel ist ein Leckerbissen. Ich werde satt, wenn meine Schwester oder meine Frau am Tisch sind, denn die mögen keine Haut. Sonst ist und bleibt die Stopfleber das Beste von der Gans.

Am allerliebsten habe ich den »Gänsepfeffer«: Gänseklein gekocht, mit dem Blut der Gans die Sauce gebunden. Als Kind konnte ich nie genug davon bekommen. Auch heute lasse ich jeden Gänsebraten dafür stehen. Diese Vorliebe war keine blutige Rache für die vielen Stunden, in denen wir als Kinder die Gänse hüteten und zum Dorfteich trieben. Doch meinem Intimfeind, einem großen aggressiven Ganter, der mich oft jagte, hätte ich gern den Hals umgedreht. Auch er landete im Gänsepfeffer, zum Braten war er eh zu zäh.

Für den Gänsepfeffer werden Hals, Flügel, Kopf, Herz, Magen und die Füße, auch eine Keule pro Person schadet nicht, mit Suppengrün, Lorbeer, einem Sträußchen Majoran, mit Pfeffer-, Piment- und Korianderkörnern in Salzwasser mit einem Schuß Essig aufgesetzt und weichgekocht. Das Gänseklein herausnehmen. Die harte Haut der Füße abziehen. Den Kochsud durch ein Sieb gießen. Das Blut der Gans wurde schon vom Bauern oder Schlachter mit Essig verrührt, damit es nicht gerinnt. Für die Blutsauce brauchen wir ganz altmodisch eine Mehleinbrenn. Mehl auf einem Backblech im Ofen ohne Fett vorsichtig hellbraun rösten. Butter in einem Topf zerlassen, 3 bis 4 Löffel von dem Röstmehl einrühren und mit dem Kochsud aufgießen. Gut durchkochen, bis keine Klümpchen mehr vorhanden sind. Das Blut und etwas Essig nach und nach dazurühren, bis die Sauce schön schwarz glänzt. Die Gänseteile dazugeben und in der Sauce erwärmen. Die Sauce kann ruhig köcheln, denn die Einbrenn verhindert die Gerinnung. Mit Sauerkraut und Klößen servieren. Dazu trinke ich ein dunkles Weizenbier, ein Hefeweizen.

140

Aus Hals und Leber der Gans bereitete Oma Löffler eine besondere Leckerei. Das Fleisch einer Gänsekeule mit etwas magerem Schweinebauch durch die feine Scheibe des Fleischwolfs drehen. Eine feingehackte Zwiebel, Knoblauchzehe, Majoran, Petersilie und eine feingewürfelte Semmel in etwas Gänseschmalz andünsten. Mit dem Fleisch vermischen, ein Ei, zwei Löffel Rahm und zum Schluß die gewürfelte Gänseleber unterrühren. Locker in die vom Knochen gezogene Haut des Gänsehalses füllen. Die beiden Enden zubinden. In einem Bräter vorsichtig rundum anbraten und mit etwas Brühe begossen im Ofen knusprig braten. Warm oder besser noch kalt in Scheiben geschnitten als Brotzeit servieren.

Nun aber zur Hauptsache, zur Gans. Innen und außen mit Salz einreiben und pfeffern. An den fetten Stellen ein paarmal einstechen. Apfelwürfel und geschälte Maronen mit gehacktem Majoran, Beifuß und Petersilie in die Gans füllen und zustecken. In einen großen Bräter Röstgemüse, 3 Zweige Beifuß und 5 dl Wasser geben. Die Gans mit der Brustseite daraufsetzen und in den vorgeheizten Ofen schieben. Ist der Vogel oben schön braun, wenden und immer wieder mit dem Bratfond und mit Märzenbier begießen. Das Braten dauert zweieinhalb bis drei Stunden, je nach Größe der Gans. War es eine gute Freilandgans und hatte sie genügend Zeit, um weich zu werden, sollte sie auch schmecken. Dazu gibt es die Maronen-Apfelfüllung und ein schönes Rotkraut, das in meiner Heimat Blaukraut heißt. Das Kraut fein schneiden und über Nacht mit einer Flasche Rotwein und einem Schuß Johannisbeeressig, 2 Lorbeerblättern, 1 Zimtstange, Wacholderbeeren und 4 Gewürznelken marinieren. 2 Zwiebeln und drei Äpfel in feine Würfel schneiden und in Gänseschmalz andünsten. Etwas Zucker einstreuen und leicht karamelisieren lassen. Das Kraut zugeben, den Rotwein und etwas Fleischbrühe angießen, fertigkochen. Die Gewürze herausfischen und mit 2 Löffeln Johannisbeer- oder Preiselbeergelee abschmecken. Der Wein zur Gans kann ein kräftiger Burgunder sein, von Grivot, Rousseau oder Meo-Camuzet. Und wenn es der Weihnachtsabend ist, hole ich schon mal einen Cheval blanc, einen guten Pomerol oder einen älteren La Mouline von Guigal aus dem Keller. Dann habe auch ich was von der Weihnachtsgans.

Sollten Sie mit der Gans auch ordentlich Gänsefett (Flomen) erworben haben, lassen Sie dieses kleingeschnitten in einem Topf auf kleinem Feuer aus. Die Grieben herausfischen und kleinhacken. Zwiebel und Äpfel in kleinen Würfeln anschwitzen und weichdünsten. Mit den Grieben unter das Schmalz mischen. Einige Löffel Schweineschmalz darunterziehen, das Schmalz wird dann etwas fester. Ganz lecker wird Ihr Schmalztöpfchen, wenn Sie ein paar Gänsestopfleberwürfelchen unter das abkühlende Schmalz rühren. Eine traditionelle Zubereitung der Gänsestopfleber im Elsaß ist die Gänseleber »im Schatten«. Die Lebern wie üblich von Haut und größeren Blutgefäßen befreien. Salzen, pfeffern und in etwas Armagnac marinieren. In eine Form legen und in Gänseschmalz eingießen. Die Lebern müssen ganz vom Schmalz bedeckt sein. Eine Woche reifen lassen. Aus dem Schmalz nehmen und in Scheiben schneiden. Mit getoasteten Briochescheiben und einem Glas Tokay-Pinot gris »Graines nobles« von Faller oder Zind-Humbrecht servieren.

Die **Gans**, *Anser*, stammt von der wilden Graugans ab. Sie wird wegen ihres Fleisches, der Leber, des Fetts und der Federn gezüchtet. Die Hausgans ist meist weiß oder grauweiß gefiedert. Im Februar legt sie ihre Eier. Nach etwa dreißig Tagen schlüpfen die gelbflaumigen Jungen. Zwei Wochen später folgen sie der Mutter schon ins Wasser, das Gänse als Lebensraum brauchen. Auf den holsteinischen und mecklenburgischen Gewässern werden die Gänse groß wie Schwäne. Auch im Perigord schwamm ich schon zwischen riesigen Gänseherden in der Dordogne. Ende Oktober erreicht die Gans ihr ideales Schlachtgewicht von 4 Kilogramm. Größe und Gewicht hängen aber auch von der Rasse und der Art der Fütterung ab. Die Gänse müssen trocken gerupft sein und nach dem Schlachten zwei Tage kühl abhängen. Neben dem Schlachtgeflügel werden vor allem die Mastlebern – aus Frankreich, Ungarn und Israel – gehandelt. Als besondere deutsche Spezialität gilt die gepökelte und dann geräucherte Gänsebrust. Die Ägypter und Griechen schätzten schon den Gänsebraten, die Römer hielten die Gans als Retterin des von den Galliern bedrohten Kapitols zunächst heilig, bis sie nach der Eroberung Galliens wieder mit Genuß verzehrt werden konnte. Man mästete sie mit Feigen und Öl, um große weiße und fette Lebern zu erzeugen. Plinius schreibt die Erfindung dem Konsul Metellus Scipio zu, wahrscheinlich wurde diese Methode aber aus Frankreich mitgebracht. Doch zeigen auch schon ägyptische Wandbilder das Stopfen der Gänse. Im Mittelalter wurde die Kunst der Gänsemast und Stopflebergewinnung vor allem von jüdischen Firmen gepflegt. In der jüdischen Küche spielen bis heute die Gans und das Gänsefett (ungesättigte Fettsäuren!) eine große Rolle. In Norditalien, in Mortara im Piemont, gibt es noch eine alte traditionelle Fabrikation von koscherer Gänse-Salami, von Gänseschinken und Leberpasteten.

Courtbouillon

Das ist die gewürzte Gemüsebrühe, die regelmäßig auf meinem Herd steht. Um Fische zu pochieren, Gemüse abzulöschen, Krebse und Hummer zu garen. 2 Liter Wasser mit einem Schuß Weißweinessig und ¼ Liter Weißwein mit 20 g Salz, 2 Karotten, 2 großen Zwiebeln, 1 Knoblauchzehe, ¼ Sellerieknolle, etwas Selleriegrün, 2 Lauchstangen, 1 frischen Tomate, Lorbeerblatt, Petersilienstengeln, Pfefferkörnern und einem Thymianzweig aufs Feuer setzen und 30 Minuten köcheln lassen.

Fleischbrühe

Rinderknochen mit heißem Wasser reinigen und mit einer Beinscheibe, Querrippe oder Rinderbrust in kaltem Wasser aufsetzen. Dazu Lauch, Petersilienwurzel, Sellerie, etwas Knoblauch, Karotten, 2 frischen Tomaten und 3 halbierte, in der Eisenpfanne an den Schnittflächen ohne Fett angeröstete Zwiebeln dazugeben. Salzen und ohne Deckel langsam aufkochen lassen. Sofort gut abschäumen und 2 bis 3 Stunden sanft kochen. Dabei die aufsteigenden Trübstoffe immer wieder abschöpfen. So entsteht, auch ohne nachträgliches Klären, eine klare Suppe.

Fonds, Jus und Demiglace

Ein guter Fond ist, neben guten Grundprodukten, das Wichtigste in der Küche, vor allem als Basis für die Saucen. Man unterscheidet helle und dunkle Fonds. Dunkel wird ein Fond durch das Anrösten. Beim einfachen Kalbsfond werden Kalbsknochen und Parüren zerkleinert in Öl kräftig angeröstet. Am einfachsten geschieht dies in einem Bräter im Backofen. Das Fett weggießen und die angerösteten Knochen mit kaltem Wasser aufgießen und Gemüse wie bei der Fleischbrühe zugeben. Für den hellen Fond werden die Knochen nur mit kochendem Wasser überbrüht, gewaschen und mit den Gemüsen in kaltem Wasser aufgesetzt. Nicht länger als 2 ½ Stunden kochen, sonst werden zu viele Leimstoffe gelöst. Wie bei der Brühe von den Fonds immer wieder die Trübstoffe abschöpfen. Dann durch ein Spitzsieb und Passiertuch abgießen, erkalten lassen und entfetten.

Beim Jus werden ebenfalls Knochen und Fleischparüren angeröstet. Gemüse, Tomatenmark und Gewürze werden mitgeröstet, dann mit kaltem Wasser aufgießen. Wein kann, Rotwein sollte nur, wenn eine Rotweinsauce entstehen soll, zum Auffüllen verwendet werden.

Die Demiglace unterscheidet sich eigentlich nur dadurch, daß nach dem Anrösten der Gemüse etwas Mehl überstäubt wird, das dann auch noch durchgeröstet wird. Die Demiglace wird nur durch das Spitzsieb passiert.

Fonds, Jus, Demiglace lassen sich auch aus anderen Knochen und Fleischsorten herstellen, zum Beispiel von Wild, Geflügel, Kaninchen.

Auf diesen Grundlagen können Sie durch Einkochen mit den entsprechenden Gewürzen, Weinen, Säften oder Spirituosen Ihren Saucen den gewünschten Geschmack geben.

Andere Saucen

»Moderne« Saucen werden heute oft nur auf der Basis des entfetteten Bratensafts mit einem leichten Fond, Brühe, Wein, Aromaten und Gewürzen eingekocht. Dann hat man allerdings nur wenig Sauce. Oder Sie montieren Gemüse-Pürees mit etwas Fond und Olivenöl auf. Sommerlich und leicht, vor allem für Fischzubereitungen, sind warme oder kalte Vinaigrettes als Saucen. So können Sie mit Wein, einem feinen Essig, sehr gutem Olivenöl und Kräutern gesunde Saucen zaubern. Die Vinaigrettes lassen sich beliebig mit Tomaten, Gemüse-Brunoise, Oliven, Zitrusfrüchten, etwas Brühe, Bratenfond oder Fischfond aromatisieren. Auch einige Tropfen spezieller Öle, Haselnußöl oder Trüffelöl zum Beispiel, setzen Akzente.

Fischfond

Für einen guten Fischfond sind natürlich am besten die Gräten von Seezunge und Steinbutt. Vielleicht gibt Ihr Fischhändler Ihnen davon etwas ab. Sonst tun es auch die Karkassen von Hecht, Zander, Dorade oder Loup. Nie die Kiemen oder Innereien von Fischen mitkochen! Die Karkassen vorher unter fließendem Wasser gut durchspülen, damit alles Blut entfernt wird. In einem großen Topf etwas Butter schmelzen, 2 Knoblauchzehen, feingeschnittene Zwiebeln, Lauch, Lorbeerblatt, ein Sträußchen Thymian, zwei frische Tomaten und die Gräten zugeben. Abgedeckt etwas ziehen lassen und mit einer Flasche Weißwein

146

und Gemüsebrühe auffüllen. Ohne Deckel 30 Minuten simmern lassen. Durch ein Spitzsieb und Passiertuch abgießen. Fischfond nicht mehr einkochen. Waren genügend Gräten im Fond und hat dieser nicht wie Wäsche gekocht, wird der Fond klar, hellgolden und geliert von selbst. Stellen Sie etwas mehr Fond her, frieren ihn portionsweise ein, und Sie haben für die nächsten Wochen vorgesorgt.

Sahnesaucen

Sie sind beliebt, schwer und kommen bei mir nur noch selten vor. Entweder kochen Sie den entfetteten Bratenfond oder Grundfond mit Sahne und Aromaten oder Spirituosen ein, oder Sie schmoren das Stück gleich in Sahne.

Buttersaucen

Die klassische Buttersauce ist die »Beurre blanc«. 5 cl Weißweinessig und 5 cl Weißwein mit 2 feingehackten Schalotten in einer Kasserolle einkochen, bis ein Sirup entsteht. Einen Löffel Sahne zugeben und aufkochen. 200 g kalte Butterstücke mit dem Mixstab nach und nach einschlagen.

Für eine Senfbutter geben Sie einen Löffel groben Meaux-Senf dazu. Sie können die klassische Buttersauce auf verschiedene Weise aromatisieren. Die Reduktion aus Rotwein, Rotweinessig und Schalotten einkochen, dann Sahne und Butter wie oben einschlagen – ergibt eine Rotwein-Buttersauce. Oder Sie würzen die Grundreduktion mit Safran. Oder mit Seeigelwasser und Corail. Oder mit Orangensaft und Orangenschale. Man kann die Butter auch aromatisieren, zum Beispiel mit etwas Trüffelsaft und Trüffeln in der Moulinette vermischen, kaltstellen und dann in die Reduktion einmixen. Kräuter-Buttersaucen geraten am besten, wenn Sie zunächst aus Wein und Kräutern einen Sud ziehen, dann durch ein Sieb zur Essig-Schalotten-Reduktion gießen, mit einem Löffel Sahne einkochen und dann die Kräuterbutter mit dem Mixstab kurz vor dem Servieren einmontieren. So bleiben Aroma und Farbe erhalten. Wichtig ist, daß die Butter mit den Kräutern, zum Beispiel Basilikum, Kerbel, Estragon oder Sauerampfer, vorher gut gemixt und vor Gebrauch kaltgestellt wurde.

Vinaigrette

Oft sind die einfachsten Dinge scheinbar kompliziert. Warum sonst gibt es ein so großes Angebot an Fertigsalatsaucen in den Regalen der Supermärkte?

Brillat-Savarin erzählt die Geschichte vom verarmten Adeligen d'Albignac, der nach der Französischen Revolution in London als Salatsaucenmacher ein Vermögen verdiente.

Dabei braucht es für eine gute Vinaigrette nur guten Essig, Öl, Salz und Pfeffer. Für einen Gurkensalat nehme ich Weißweinessig und ein neutrales Pflanzenöl. Für Tomaten und grüne Salate einen einfachen Balsamessig und ein sehr gutes Olivenöl, vielleicht einen Hauch Knoblauch. Das Mischungsverhältnis ist Geschmackssache. Üblich sind ¼ Essig und ¾ Öl.

Für meine »normale« Vinaigrette nehme ich ⅛ Balsamessig, ⅛ Rotwein- oder Sherryessig, ⅛ guten Geflügelfond, ⅜ Olivenöl und 2/8 Erdnußöl und schlage alles mit Salz und Pfeffer gut durch.

Für eine Kräuter-Vinaigrette nehme ich ⅓ Weißweinessig und ⅔ Olivenöl, die ich mit einem Löffel Senf, einem Löffel Brühe und frischgehackten Kräutern aufmixe, zum Beispiel mit Kerbel, Estragon oder Petersilie.

Für eine Trüffel-Vinaigrette nehme ich 2 Löffel Trüffelsaft, 2 Löffel Sherryessig, gehackte Trüffeln, Salz, Pfeffer und 12 Löffel Traubenkernöl.

Für eine frische Variante mische ich eine Balsamessig-Olivenöl-Vinaigrette mit 2 bis 3 Löffeln Tomatenconcassé, frischem Basilikum, Zitronen- oder Orangensaft und einer Prise Zucker.

Für eine Sahne-Vinaigrette schlagen Sie normale Vinaigrette in Crème fraîche oder Saure Sahne ein und würzen mit etwas Haselnußöl, Zitronensaft und frischen Kräutern.

Ablöschen

Nach dem Braten oder Anbraten den an der Pfanne haftenden Bratsatz mit Wein, Sherry oder auch mit Brühe lösen. Der Bratsatz darf nicht verbrannt sein, sonst wird die Sauce bitter.

Abschmecken

Man nennt das Nachwürzen, wenn eine Sauce, ein Eintopf noch nicht überzeugend schmeckt, auch abrunden. Das geschieht nicht nur mit Salz und Pfeffer, auch mit Zitrone, Olivenöl oder Sahne, einem Schuß Wein oder Cognac.

Abschrecken

Nach kurzem Kochen in sprudelndem Wasser werden Gemüse in Eiswasser oder unter fließendes kaltes Wasser gegeben, um den Garprozeß zu beenden und die frische Farbe zu erhalten.

Aioli

Mit Knoblauch und Cayennepfeffer gewürzte Mayonnaise.

À la nage

Fische oder Meeresfrüchte garen in einem würzigen Sud, meist mit Gemüsestreifen, der zum Gericht mitserviert wird.

Al dente

Teigwaren oder Gemüse werden nur so lange gegart, daß sie noch eine gewisse Festigkeit bewahren, noch Biß haben.

Anschwitzen

Schalotten, Zwiebeln oder Gemüse in Butter oder Öl braten, ohne daß sie Farbe annehmen, bis sie weich sind. Dabei geben sie Wasser ab, daher der Name.

Anziehen lassen

Auch: Angehen lassen. Bei mäßigem Feuer unter häufigem Wenden etwas dünsten, ohne daß es Farbe annimmt.

Glossar

149

Bardieren

Das Umwickeln von Geflügel mit dünnen Scheiben von fettem Speck, um ein Austrocknen des zarten Fleisches beim Braten zu vermeiden.

Binden

Eine Sauce oder Suppe durch Einrühren von Kartoffelstärke, Eigelb, Butter oder Rahm verschmelzen und verdicken.

Blackened-Gewürze

Würzmischung aus der amerikanischen Cajun-Küche. Als Fertiggewürz von Paul Prudhomme erhältlich. Es besteht aus verschiedenen Pfeffersorten, gemahlenen Chilis, Koriander, Ingwer, Kreuzkümmel und schwarzer Senfsaat.

Blanchieren

Kurz in kochendem, leicht gesalzenem Wasser überbrühen und sofort in eiskaltem Wasser abschrecken. Tomaten werden blanchiert, damit man ihnen leicht die Haut abziehen kann. Zuckererbsen werden blanchiert, damit man sie dann nur noch kurz in Butter schwenken muß. Auch Gemüse, die eingefroren werden sollen, werden zuerst blanchiert.

Blausud

Viele Zwiebelringe und einige Karottenscheiben mit Salz, Pfefferkörnern, Lorbeerblatt und einer Zitronenscheibe in schwachem Essigwasser mit oder ohne Weißwein weichdünsten. Darin läßt man dann rohe fränkische Bratwürste eine gute Viertelstunde ziehen, das gibt die berühmten blauen Zipfel.

Bouquet garni

Ein Würzsträußchen von zusammengebundenen Kräutern zum Aromatisieren von Fonds und Saucen.

Bridieren

Geflügel vor dem Braten mit Küchengarn zusammenbinden.

150

Brunoise
Winzige Würfel von gehackten Gemüsen.

Cassis
Likör aus schwarzen Johannisbeeren. Mit Weißwein aufgefüllt, es sollte ein burgundischer Aligoté sein, wird er zum Kir, mit Champagner zum Kir royal, mit rotem Beaujolais zum Communard.

Cassoulet
Ursprünglich ein französisches Eintopfgericht von weißen Bohnen mit Würstchen und Fleisch vom Schwein, von der Gans oder Ente. Eine Spezialität der Gascogne und des Perigord. Heute in der Küchensprache auch die Bezeichnung für kleine Ragouts.

Chateaubriand
Doppeltes Filetstück, das etwa 4 cm dick aus der Mitte der Rinderlende geschnitten wird und knapp 500 g wiegt, gut für zwei Personen.

Chutney
Kommt aus der indischen Küche. In England in Mode. Scharfgewürzte Sauce von Früchten zu kaltem Fleisch, Geflügel oder Reis.
Ein Ingwer-Mango-Bananen-Chutney zum Beispiel kocht man aus diesen Früchten, geschmolzenem Zucker, Pektin, Ascorbinsäure und würzt mit Zitronensaft, Salz und Pfeffer.

Concassé
Gewürfeltes Fruchtfleisch, meist von Tomaten, ohne Haut und Kerne.

Confit
Das französische Wort für Eingemachtes. Es bezeichnet meist im eigenen Sud eingelegte Geflügelteile, es können auch Pilze sein. Ich empfehle ein Steinpilzconfit.

Consommé

Besonders kräftige, klare Fleischbrühe, für die durch den Wolf gedrehtes Rindfleisch mit gewürfeltem Wurzelgemüse, Lauch und Zwiebeln nicht mit Wasser, sondern mit kalter, entfetteter Fleischbrühe aufgesetzt und zwei Stunden geköchelt wird. Für die Consommé double wird der Anteil an rohem Rindfleisch verdoppelt.

Eine Consommé kann auch von Wild, Geflügel oder Fisch hergestellt werden.

Corail

Der Rogen der Krusten- und Schaltiere. Beim Hummer sitzt er am Rückgrat zwischen dem Schwanzansatz und dem hinteren Beinpaar.

Er ist grünschwarz und färbt sich beim Garen korallenrot (frz. corail = Koralle). Mit dem Corail lassen sich Saucen wunderbar würzen.

Das hornförmige Corail der Jakobsmuschel ist schon im rohen Zustand rot.

Coulis

Eine kalte Sauce aus Beeren, rohen Früchten oder Gemüsen.

Courtbouillon

Ein Sud, der aus Geflügel- oder Fischfond mit Weißwein, Röstgemüsen und Gewürzen auf kleinem Feuer kurz geköchelt wurde. Ein Courtbouillon kann auch aus Gemüsen gemacht sein und zum Beispiel zum Garen einer Roulade von Weißkraut mit Lachs dienen.

Couscous

Weizengrieß, der über Dampf gegart wird. Eine nordafrikanische Spezialität.

Croûtons

Kleine Weißbrotwürfel ohne Rinde, mit oder ohne Butter auf kleinem Feuer goldgelb und knusprig geröstet.

Curry

Indische Gewürzmischung, gelblich bis braun, mehr oder weniger scharf. Langes Lagern mindert die Qualität. Ein Lammcurry oder ein Geflügelcurry ist ein Gericht, das mit Currypulver gewürzt wurde.

Dünsten

Schalotten, Zwiebeln, Gemüse oder Obst im eigenen Saft oder mit etwas Butter bei schwacher Hitze garen. Auch Fisch kann gedünstet werden.

Durchkühlen

Terrinen, Gelees, Parfaits müssen vor dem Servieren fest werden und dazu für mindestens eine Stunde in den Kühlschrank.

Elsholtz

Johann Sigismund Elsholtz, geboren in Frankfurt an der Oder am 26. 8. 1623, gestorben in Berlin am 28. 2. 1688. Leibarzt des brandenburgischen Kurfürsten Friedrich Wilhelm. Verfaßte das »Diaeteticon: Das ist / Neues Tisch-Buch oder Unterricht von Erhaltung guter Gesundheit durch eine ordentliche Diät / und insonderheit durch rechtmäßigen Gebrauch der Speisen / und des Geträncks«. Ich zitiere gelegentlich aus diesem Werk zum Zwecke der kulturgeschichtlichen Erhellung.

Entfetten

Die meisten Saucen bedürfen der Mitwirkung von Butter oder Sahne. Manche Brühen und Fonds müssen dagegen von störendem Fett befreit werden. Das geht mit einem Löffel oder auch mit saugendem Küchenpapier, das vorsichtig über die Oberfläche der Flüssigkeit gezogen wird. Von kalten Fonds wird die festgewordene Fettschicht einfach abgehoben.

Entrecôte

Dicke Fleischscheibe von 300 bis 500 g aus dem Zwischenrippenstück des Rinds. Das Entrecôte wird in der Pfanne gebraten oder gegrillt und erst nach dem Braten gewürzt.

Essenz

Kräftig eingekochte klare Brühe.

Farce

Eine pürierte oder feingehackte Masse (Fisch, Fleisch oder Gemüse), die für Füllungen oder Terrinen verwendet wird.

Filet

Beim Rind, Schwein, Wild die schmalen, zarten Muskelstränge beidseits des Rückgrats. Beim Geflügel versteht man unter Filet das ausgelöste Brustfleisch, beim Fisch die von der Gräte gelösten Seitenteile.

Filetieren

Mit einem biegsamen Messer Fischfilets von den Gräten oder Fleisch von den Knochen lösen. Auch Orangen werden filetiert, indem man das Fruchtfleisch von den Häuten zwischen den einzelnen Filets löst.

Fond

Die Grundlage einer guten Sauce. Ein Fond, zum Beispiel vom Rind, Kalb, Wild, Geflügel, wird durch Anrösten von Knochen, Fleischabschnitten, Haut und Sehnen mit Zwiebeln und Wurzelgemüsen gewonnen, die dann mit Wasser oder Wein abgelöscht und zwei Stunden geköchelt und reduziert werden. Für Fischfond werden besonders gern die Gräten, Köpfe und Flossen der Seezunge verwendet.

Fritieren

In heißem Öl oder Fett schwimmend ausbacken. Petersilienblätter zum Beispiel. Nicht immer bloß Kartoffelschnitze.

Gelee

Fleisch- oder Fruchtsaft, auch Wein, der mit aufgelöster Gelatine verfestigt wurde.

Glace
Gelierter kalter Bratensaft. Es kann auch ein stark reduzierter Fond sein, der kalt so fest wird, daß man ihn schneiden kann.

Glasieren
Ein Gericht oder Teile davon mit Sauce oder Gelee überziehen.

Gratin
Überbackenes Gericht in einer flachen Form aus in Scheiben geschnittenen Gemüsen und/oder Kartoffeln, auch von Obst. Beliebt ist das Gratin dauphinois: Dünne Kartoffelscheiben, gesalzen und gepfeffert, in mehreren Lagen übereinandergelegt oder wie Schuppen aufeinandergesetzt, etwas geriebener Comté oder Gruyère dazwischengestreut, mit Sahne und Butterflocken im Ofen goldbraun überbacken.

Gratinieren
Es muß nicht gleich ein Gratin sein, wenn im Ofen bei Oberhitze oder unter dem Grill etwas gratiniert, überbacken wird.

Julienne
In feine Streifen geschnittenes Gemüse. Man schneidet erst sehr dünne Scheiben, diese dann in Streifen etwa von Streichholzgröße. Der Profi verwendet die sogenannte Mandoline, ein Gerät, das feste Gemüse zugleich hobelt und in Streifen zerlegt.
Julienne aus den Schalen von Zitrusfrüchten für Soßen und Desserts wird je zweimal in reichlich Wasser gekocht und kalt abgeschreckt, um ihnen die Bitterkeit zu nehmen.

Jus
Entfetteter Bratensaft, der beim Erkalten geliert. Für Kalbsjus kleingehackte Kalbsknochen und Fleischabfälle mit etwas Wurzelgemüse in Öl anrösten, mit Wasser auffüllen, köcheln, abschäumen, entfetten und durchseihen.

Karkassen

Fischgräten, Geflügelknochen oder Chitinteile von Krustentieren. Grundlage für Fonds und Saucen.

Karamelisieren

Zucker in einem hellen Topf oder Pfännchen bei kräftiger Hitze schäumend schmelzen und honiggelb bräunen.

Löffel

Wird im Rezept ein Löffel als Maß angegeben, ist immer ein Eßlöffel gemeint. Ein Teelöffel ist mit dem Kürzel TL gekennzeichnet.

Marinieren

Fleisch, Fisch oder Gemüse vor dem Zubereiten in eine Marinade legen, zum Beispiel in eine gewürzte Beize aus Rotwein.

Mousse

Pürierte und durchs Sieb gestrichene Masse, zum Beispiel Fisch oder Leber. Oft mit Sahne geschmeidig gemacht. Eine klassische Süßspeise ist die Mousse von geschmolzener Schokolade mit Sahne, Eigelb und Cognac.

Omelett

Schaumig geschlagene Eier, vielleicht mit etwas eingerührter Milch oder Sahne, in der Pfanne auf kleinem Feuer langsam stocken lassen.

Parfait

Eine ziemlich feste Mousse aus der Terrinenform, in Scheiben geschnitten serviert. Ein Parfait kann Vorspeise sein oder auch ein süßes Dessert, halbgefroren.

Parfümieren

Einem Gericht durch einen Obstbrand, Likör, Cognac oder einen anderen Aromaträger eine zusätzliche Geschmacksnote verleihen.

Parieren

Fleisch von Häuten, Sehnen und unerwünschtem Fett befreien. Die Abfälle heißen Parüren. Man kann sie wieder durch scharfes Anbraten und Dünsten zur Herstellung von Fonds und Saucen verwenden.

Passieren

Saucen, Suppen, Gemüse, Beeren oder auch eine Fischfarce durch ein Sieb streichen, um Kerne und andere Feststoffe zurückzuhalten.

Pochieren

Etwas in einer heißen Flüssigkeit knapp unter dem Siedepunkt langsam garen, zum Beispiel Fische im Sud. Oder aufgeschlagene Eier, die man in heißes Essigwasser gleiten läßt.

Porterhouse

Steak aus dem Roastbeef mit Knochen und Filet, 700 bis 1 000 g schwer und etwa 6 cm dick. Wird meist auf dem Rost gebraten.

Pürieren

Fleisch, Fisch, Gemüse oder Obst im Mixer oder mit dem Pürierstab zu einem glatten Püree verarbeiten.

Ragout

Würziges Gericht aus Fleisch- oder Fischwürfeln, Pilzen oder Gemüsen mit anderen Zutaten in einer pikanten Sauce.

Reduzieren

Eine Flüssigkeit im offenen Topf über kräftigem Feuer zu einem guten Teil verdampfen lassen, um ihr Aroma zu konzentrieren.

Röstgemüse

Karotten, Sellerie, Lauch, Petersilienwurzel kleingeschnitten. In heißem Öl angeröstet zum Aromatisieren von Fonds und Saucen.

Sautieren

Kleine Fleisch-, Fisch- oder Geflügelstücke, auch kleingewürfeltes Gemüse oder Obst, bei kräftiger Hitze in Öl oder Butter rasch von allen Seiten anbraten.

Schalotten

Nicht zu verwechseln mit den Frühlingszwiebeln oder Lauchzwiebeln, die auf vielen Gemüsemärkten auch Schalotten genannt werden. Gemeint ist die französische echalotte, eine kleine, sehr würzige Zwiebelart. Die rundlichen grauen Schalotten sind noch besser als die länglichen mit brauner Schale. Wenn keine Schalotten zur Verfügung stehen, muß man Zwiebeln nehmen, dann aber eher kleine, feste Sorten aus südlichen Ländern, nicht die großen, saftreichen Gemüsezwiebeln.

Schmälzen

Kartoffeln, Nudeln mit Schmalz oder Butter übergießen.

Schmand

Fettreiche saure Sahne.

Schmoren

Fleisch, Fisch oder Gemüse, das vorher angebraten wurde, im geschlossenen Topf bei kleiner Hitze mit wenig Flüssigkeit garen.

Sorbet

Gefrorenes aus Fruchtsaft, Wein, Obstwässern mit etwas Zitronensaft und mehr oder weniger Zucker, das in der Sorbetière geschmeidig gerührt wurde. Ist das Gefrorene von körniger Konsistenz, weil kaum gerührt, heißt es Granité.

Soufflé

Auflauf aus püriertem Fleisch, Fisch, Gemüse, auch von Käse, der in einer ausgebutterten feuerfesten Form im Ofen bei mittlerer Hitze gebacken wurde. Durch Zugabe von steifgeschlagenem Eiweiß läuft er auf, steigt hoch, fällt aber auch bald wieder zusammen. Darum sofort servieren. Es gibt auch süße Soufflés aus Früchten. Klassisch das Birnensoufflé, in das beim Servieren ein Löffel Vanille-Eis versenkt wird.

Terrine

Das ist eine Pastete ohne Teighülle. Sie wird in einer feuerfesten Form im heißen Wasserbad gegart. Geflügelterrine, Lachsterrine, Gemüseterrine, Früchteterrine.

Verjus

Saft unreifer Trauben.

Vinaigrette

Das französische Wort für Salatsoße. Eine Vinaigrette besteht in der Regel aus 1 Teil Essig und 2 bis 3 Teilen Olivenöl, vielleicht mit einem Schuß Bouillon, jedenfalls mit Salz und Pfeffer kräftig gewürzt.

Walterspiel

Alfred Walterspiel, ein gebürtiger Elsässer, lebte von 1883 bis 1961. Er begann seine gastronomische Laufbahn 1906 in dem Berliner Feinschmeckerlokal Hiller, später war er dreieinhalb Jahrzehnte lang Chef des Münchner Hotels »Vier Jahreszeiten«. Zu seiner Zeit sagte man: Eine internationale Kochveranstaltung ohne Walterspiel sei wie ein Konzil ohne Papst. Er hat die Quintessenz seines Wissens in dem Buch »Meine Kunst« hinterlassen.

Wurzelsud

Zum Pochieren von Fleisch oder Fisch. Dafür Karotten, Petersilienwurzel, Knollensellerie und Lauch mit Zwiebeln, Pfefferkörnern, 2 Gewürznelken und einem Lorbeerblatt in Wasser kochen.

Ziehenlassen

Klöße, Gnocchi, Würste in Flüssigkeit auf sehr kleinem Feuer garen.

A

Aal am Spieß, gegrillt 96

Aal aus dem Wok, auf Reis 97

Aal in grüner Kräutersauce 96

Aioli (provenzalische Mayonnaise) 21

Artischocken-Frittata 26

Artischocken auf jüdische Art 26

Artischocken, gebraten 26

Artischocken, mariniert 27

Auberginen-Dip mit Krabben 112

Auberginen, fritiert 112

Auberginen, gebraten 112

Auberginen, gegrillt 111

Auberginenchutney 112

Auberginenkaviar 111

Auberginenragout 111

Auberginensalat, marokkanisch 111

Austern in Gelee »Las Brisas« 18

B

Bagnarot (Paprika püriert) 99

Bagnèt verd 34

Blöchla (Süßes Schmalzgebäck) 23

Boeuf à la ficelle 33

C

Caponata (Paprika sizilianisch) 100

Cassoulet von weißen Bohnen 128

Chicorée geschmort 14

Chicorée mit Birnen und Roquefort 14

Chicorée mit Ingwer und Sojasauce 14

Chicorée mit Orange 15

Chicoréesalat mit Vinaigrette 14

Chutney (Kokos-Minze) 31

Chutney aus Perlzwiebeln und schwarzen Johannisbeeren 80

Chutney von Auberginen 112

Chutney von grünen Tomaten 84

Côte du boeuf 104

Crème Caramel à la Joschka 39

E

Eierschmalz mit Kartoffeln und Kräuterrahm 23

Eis von grünem Spargel 46

Ente, gebraten 124

Entenbrust, gebraten 125

Entenbrust, warm geräuchert 125

Entenrillettes 125

Entensuppe 124

F

Fasan, gebraten 131

Fasanenbrust 131

Fasanenmousse 132

Fenchelsalat mit Orangenfilets 22

Fischfond vom Loup de mer 20

Fischfond von der Seezunge 65

G

Gans, gebraten 141

Gänsehals, gefüllt 141

Gänseleber »im Schatten« 141

Gänsepfeffer 140

Gänseschmalz 141

Gemüse-Curry 30

Gewürzpilaw (Reisgericht) 32

Gnocchi 134

Gratin von Birnen und Kartoffeln 54

Grießklößchen 50

Grüne Soße (frankfurterisch) 33

Grüne Soße (genuesisch) 34

Grüne Soße (kanarisch) 34

Grüne Soße (piemontesisch) 34

Gulasch 99

Gurken, eingelegt 79

Gurken, in Butter gedünstet 48

Gurkensuppe 77

H

Himbeeren auf Mürbteig 75

Himbeeren im Blätterteig 76

Hochrippe in Rotwein 11

Holunderblüten, im Bierteig ausgebacken 54

Holundersorbet 54

Hummer, gekocht 86

Hummercouscous 86

Hummersuppe 87

J

Johannisbeeressig, selbst gemacht 81

Johannisbeerkonfekt 81

K

Kaiserschmarrn 109

Kalbsbrust, gefüllt 59

Kalbsleber, gebraten, mit schwarzen Johannisbeeren 80

Kalbsleber, gegart 80

Kaninchen in Vin santo 37

Kapern-Zitronen-Sauce 114

Kartoffel-Birnen-Gratin 54

Kartoffel-Petersilienwurzelpüree 11

Kartoffel-Sellerie-Püree 80

Kartoffelgratin mit Zuckererbsen 125

Kartoffelklöße, baumwolln 135

Kartoffelklöße, roh 135

Kartoffelküchle 54

Kartoffelspatzen, Schupfnudeln, Bubespitz 135

Kartoffelsüppchen mit fritierten Petersilienblättern 13

Kartoffelsuppe »Schnackelmänner« 110

Kirschenmichel 73

Klöße, fränkisch 59

Kobe-Beef 104

Kopfsalat-Radieschen-Suppe 60

Kopfsalatherzen mit Radieschen 60

Krebse im Wurzelsud 61

Krebsragout mit Pfifferlingen 62

Kutteln »Trippa Nittardi« 28

Kuttelsalat »Il Cibreo« 29

L

Lachs, gebraten, mit Tandoori 30

Lachs, selbstgeräuchert 32

Lammkeule 36

Lammschulter, gefüllt 35

Leberspießchen auf toskanische Art 81

Leipziger Allerlei 50

Liwanzen (böhmische Mehlspeise) 25

Loup de mer auf Fenchel 20

Loup de mer in der Salzkruste 22

M

Makrele mit Stachelbeeren 56

Makrele, eingelegt 56

Makrele, gebeizt 58

Makrele, gegrillt 56

Melonensuppe 77

Mergez (Lammwürstchen) 69

Milchlammschulter 35

Mojo verde 34

Morchelessenz 42

Morcheln, gebraten 42

Morcheln, gefüllt 42

Morchelragout mit Spargel 42

Mousse von der geräucherten Makrele 58

P

Paprika piemontesisch 99

Paprika provenzalisch (Bagnarot) 99

Paprika sizilianisch (Caponata) 100

Paprikagemüse 100

Paprikasuppe »Il Cibreo« 100

Paté von Kalbsleber 81

Perlhuhn auf Knoblauchkartoffeln 73

Perlhuhn in Verjus 72

Perlhuhnragout, gebraten 72

Pfifferlinge in Rahm 75

Pfifferlinge, eingelegt 76

Pfifferlingssalat 75

Pfirsichcocktail 95

Pfirsichdessert 94

Piroggen und Piroschki 114

Püree von weißen Bohnen 128

R

Ras el Hanut (Gewürzmischung) 87

Rehrücken mit Holundersauce 53

Rhabarber-Erdbeer-Kompott 52

Rhabarberkonfitüre 50

Rinderbraten in Rotwein 11

Rindfleisch, gekocht (Boeuf à la ficelle) 33

Rindfleischterrine 12

Risotto »Barolo« 64

Risotto »Primavera« 63

Risotto »Radiccio Trevisano« 64

Risotto mit Steinpilzen 93

Risotto mit weißen Trüffeln 118

Risotto mit Wildem Spargel 27

Rochen, gebraten, auf Champignons 137

Rochen, über Dampf gegart 137

Rote-Bete-Salat 107

Rotkraut 141

Rucolasalat mit Kaninchen 37

S

Salat von Pfifferlingen 75

Salat von Roten Beten 107

Salat von rohen Steinpilzen 93

Salat von Steinpilzen, lauwarm, mit Pfifferlingen
 und gebratenen Pfirsichen 93

Salat von weißen Bohnen 127

Salsa verde alla genovese 34

Sauerkraut 125

Sauerkraut mit Gewürztraminer 131

Scholle in Knoblauchbutter 66

Schwammerlsuppe 75

Schweinekammbraten »Falsches Wildschwein« 122

Seezunge, in Butter gebraten 65

Seezungenfilet, gedünstet, mit Orange 66

Seezungenfilet, gedünstet, mit Tomaten 65

Sorbet vom Waldmeister 44

Sorbet von grünem Tee mit Minze 69

Sorbet von Holunderblütenwein 54

Spargel in Butter

Spargel in Vinaigrette 45

Spargelcrèmesuppe 46

Spargeldessert mit Erdbeeren 46

Spargeleis 46

Steak, gegrillt oder gebraten 103

Steinpilzconfit 94

Steinpilze, gebraten 93

Steinpilze, lauwarm, mit Pfifferlingen und gebratenen Pfirsichen 93

Steinpilzmousse 94

Steinpilzragout 94

Steinpilzrisotto 93

Steinpilzsalat, roh 93

Steinpilzsuppe 94

Stör, warm geräuchert 115

Störfilet mit Vinaigrette 114

Störfilet, gebraten 114

Sträubla (Knieküchle) 24

Stubenküken 50

Suppe von Tomaten mit Orangen und Basilikum 82

Sushi von der Makrele 57

T

Tabouli à la Gargantua 68

Tabouli, libanesisch 68

Täubchen, gefüllt 89

Taube, gebraten 90

Tauben-Consommé 91

Terrine vom Wolfsbarsch mit Fenchel 21

Terrine von Melonen und Flußkrebsen 77

Terrine von Ziegenkäse und getrockneten Tomaten 84

Terrine von Zwetschgen 110

Thunfisch, blackened 40

Thunfischmousse à la Guido 41

Thunfischsteak mit Vinaigrette 41

Thunfischtatar 41

Tomaten, getrocknet 84

Tomatenchutney 84

Tomatenkonfitüre 84

Tomatensauce 82

Tomatensuppe mit Orangen und Basilikum 82

Tomatenvinaigrette 84

Topfenknödel 109

Trüffel, weiß, auf Crostini 117

Trüffel, weiß, auf Tagliolini 118

Trüffel, weiß, mit Carne cruda 117

Trüffel, weiß, mit Fonduta 118

Trüffeleier (schwarze Trüffel) 16

Trüffelessenz »Alfred Walterspiel« (Schwarze Trüffel) 16

Trüffelkäse (Schwarze Trüffel) 16

Trüffeln, weiß, mit Ei 118
Trüffelpraliné d'Agliano, weiß 118
Trüffelrisotto, weiß 118
Trüffelsuppe mit Schwarzwurzeln (Schwarze Trüffel) 17

V

Vanillerahmeis 52
Venusmuscheln 70

W

Waldmeisterbowle 44
Waldmeistersorbet 44
Waller im Blausud 106
Waller, gebraten, auf Senflinsen 107
Weiße Bohnen als Salat 127
Weiße Bohnen mit Nudeln »Pasta e fagioli« 127
Weiße Bohnen, püriert 128
Wildschweinbratwurst 122
Wildschweinkeule 121
Wildschweinkotelett mit Hagebutten 121
Wirsinggemüse 121
Wolfsbarsch auf Fenchel 20
Wolfsbarsch in der Salzkruste 22

Z

Zabaione auf Cantucci mit Vin santo 37
Zander, gebraten 47
Zanderfilet auf Apfelwein-Rahmsauerkraut 47
Zanderfilet auf Linsen 47
Zwetschgenknödel 109
Zwetschgenröster 109
Zwetschgenterrine 110